Lettre ouverte aux Américains pour l'abolition de la peine de mort

éditions l'écart

pamphlet

On n'en a pas fini avec le Front national, michel taube, 1998

L'Europe des Versaillais, jean-michel delaye, 1999

La Défaite du travail, michel musolino, 1999

coup pour coup

2001 Un monde sans dieu, philippe schwartz, 1999

manifeste

Pour le PACS, collectif, 1999

Open letter to the American people on the abolition of the death penalty, michel taube et benjamin menasce, 2000

déclaration

Le Discours du Dictateur, charlie chaplin, 1998

les cris de l'histoire

Enquête sur la question sociale en Europe, jules huret, 2000

tome 1, Capitalistes et prolétaires

tome 2, Théoriciens et chefs de secte

l'écart

5, rue Primatice
75013 Paris
Tél. : 01 55 43 88 83
Fax : 01 55 43 89 33
http://www.ecart-type.com
ISBN : 2-84604-003-6
Dépôt légal : juin 2000

michel taube

benjamin menasce

Lettre ouverte aux Américains pour l'abolition de la peine de mort

avec les contributions de
Pauline Le Conte, Claire Dufour,
Lise Favre, Tania Hagemeister,
Hugues Demeusy et Jérôme Guibert

manifeste

un éditeur engagé

L'union dans la diversité, l'art de donner corps aux idées, le gouvernement des hommes, la règle et l'écart : autant de manières de définir la politique.
La tension entre les principes et leur mise en œuvre, entre l'éthique, qui se veut droite, rigoureuse, et l'action, toujours plus sinueuse et conflictuelle, anime la politique des hommes.
Entre un monde réel, inégalitaire et violent, dont tout homme qui aspire à la liberté ne saurait se contenter, et un monde trop souvent rêvé comme idéal et pur, utopique et impossible à réaliser par les hommes, il y a place pour concevoir et édifier une société humaine plus juste, démocratique et solidaire.
Cette voie médiane serait radicale si nous voulions réellement et pratiquement lui donner vie, sans jamais nous satisfaire des sirènes de la rhétorique.
Sur ce chemin, des livres engagés peuvent aider chaque homme à tracer une ligne directrice, un cap de vie, et, pour s'y tenir et n'avancer que mieux, à comprendre et à maîtriser les détours et les méandres que nous imposent par nécessité les multiples contradictions de la vie.
L'écart serait-il la condition d'une règle vivante ? Ainsi va la politique, ainsi vont les hommes…
Dans cet esprit, les éditions l'écart se veulent engagées dans la cité. Elles se proposent de développer, toujours au cœur de l'actualité et de ses événe-

ments forts, une critique politique et sociale de l'ordre injuste des choses et de promouvoir des idées pratiques, des actions innovantes au service d'un régime et d'une société démocratiques et solidaires.
Critiquer le monde mais relier les hommes sera le programme des livres édités par l'écart :
– dénoncer clairement les servitudes, structurelles et volontaires, qui freinent l'invention de la démocratie et interdisent au plus grand nombre l'accès à la liberté, l'égalité et la fraternité. Trois combats critiques doivent être menés de front : lutter contre la tyrannie et la domination politique, lutter contre l'appauvrissement économique, lutter enfin contre l'aliénation culturelle et symbolique.
– sur ce socle critique, imaginer des valeurs, des idées, des politiques et des actions qui créeront une dynamique sociale, une société plus libre, des citoyens plus responsables, imaginatifs et créateurs, qui relieront les hommes au lieu de les séparer.
Véritable laboratoire d'idées et d'actions, l'écart souhaiterait donner sens et force à une maxime de la liberté et de la démocratie : chercher l'union dans la diversité et maintenir la diversité dans l'union.

À Anna R.T.

sommaire

« Tu ne tueras point »

chers Américains...

Chers Américains,

Vous êtes la première puissance économique et militaire de la planète. Nul ne saurait, raisonnablement, le contester. Ce statut vous donne une prépondérance politique qui vous expose au regard du reste du monde, lequel se fera nécessairement de plus en plus présent et pressant à l'avenir.
Les nombreux envieux, souvent les laissés-pour-compte et, il y en a aussi, les victimes de cette suprématie vous attaquent généralement sur le terrain où vous excellez le plus, l'économie, que l'on vous accuse de réduire au règne absolu de la finance et du business.
Pour notre part, nous nous adressons à vous, chers Américains, comme à des amis et à des alliés, non point pour vous attaquer, mais pour librement et fermement contester une autre part de votre réalité, celle de votre système judiciaire et du traitement que vous y réservez à vos semblables en usant de la peine de mort comme sentence ultime de votre justice pénale. Nul autre pays démocratique dans le monde, si ce n'est le Japon, n'utilise plus la peine de mort. Quant aux conditions de cruauté et d'injustice qui entourent son usage, elles ne sont pas compatibles avec un État de droit. Mais nous y reviendrons...

De quel droit nous adresser à vous ?

De quel droit ce livre ? De quel droit une lettre ouverte à un peuple souverain de la part d'auteurs venus d'un autre continent, de surcroît sur une question de société ?

Il n'y a pas si longtemps, la France conservait la peine de mort dans son édifice judiciaire. Les circonstances politiques ont permis son abolition, le 9 octobre 1981, bien plus tard que dans la plupart des pays européens démocratiques. Un long combat a été nécessaire et il a fallu le courage d'hommes politiques pour juger, en leur âme et conscience, d'une telle décision. À l'époque, en France, l'opinion publique était pourtant à plus de 60 % favorable au maintien de la guillotine. Aujourd'hui, la France conserve un système pénal et pénitentiaire peu conforme en bien des points aux principes des droits de l'homme.

Nous ne nous posons donc nullement en donneurs de leçons.

Mais ce livre nous paraît pourtant nécessaire et justifié. Il repose tout d'abord sur une raison mineure : doit-on rappeler que les Français ont forgé depuis le XIXe siècle une tradition de lecture critique, en même temps qu'amicale, du devenir politique des États-Unis ? Tocqueville avait inauguré ce mouvement avec son célèbre ouvrage *De la démocratie en Amérique*. Paraissent régulièrement en France des essais qui tentent d'expliquer, d'élucider les contradictions du modèle américain. Les intellectuels libéraux comme la gauche nourrissent, chacun à sa

manière, cette connaissance critique de nos amis d'outre-Atlantique.
C'est sans nul doute une des raisons pour lesquelles la France est souvent perçue aux États-Unis comme le poil-à-gratter de la classe occidentale dont les bons élèves devraient soutenir et relayer les États-Unis dans toutes les sphères de leur suprématie, culturelle, économique, militaire et politique.
Pour notre part, n'en déplaise à certains Français, nous considérons notre engagement critique comme un acte libre mais amical à l'endroit des Américains. D'autant plus critique et sans appel quant aux propos qui vont suivre que nous considérons cette amitié franco-américaine comme un héritage de l'histoire, une réalité de notre époque, mais aussi comme une exigence pour l'avenir, condition de l'évolution démocratique de la nation américaine et de la dynamisation de la société française.
Nous n'oublions pas que les Américains, dans la constitution de leur système politique à la fin du XVIIIe siècle et au long du XIXe siècle, ont su, bien mieux souvent que les Européens, lire les grands penseurs européens de la démocratie, de Spinoza à Montesquieu notamment, pour forger en droit une société républicaine et démocratique. Les Américains ont toujours su, forts de leur jeunesse politique, de leur souplesse intellectuelle, tirer des Européens le meilleur d'eux-mêmes ! Qu'ils continuent ainsi, osons-nous leur demander, en venant comparer les systèmes judiciaires et les politiques pénales des pays

européens ayant su le mieux réduire la criminalité et pacifier les mœurs dans leurs sociétés, comme en Scandinavie. Ils verront que le chemin de la répression judiciaire les éloignera sans cesse de la tranquillité publique et ne fera qu'aggraver l'éclatement sociétal de la nation américaine.
Mais la justification de cet ouvrage tient surtout dans une raison majeure qui éclaire les dimensions de la nouvelle donne politique et culturelle qui caractérise, et pour longtemps, notre entrée dans le XXIe siècle : les États-Unis, disions-nous, sont tout d'abord la première puissance mondiale. Ils prétendent subséquemment à un leadership politique qui se traduit par des interventions sur la scène diplomatique et politique mondiale de plus en plus nombreuses, prises souvent de leur propre chef. Partout dans le monde – ou presque –, nulle décision politique majeure ne saurait être prise sans consulter les Américains ou sans avoir veillé à la réaction qu'ils pourraient adopter. Les Américains incarnent également un modèle culturel, le seul à rayonner aux quatre points cardinaux de la planète, rendu largement possible par le fait qu'ils ont su transformer toute production culturelle en marchandise de consommation et de plaisir d'exportation. Deuxièmement, la double mondialisation, économique dans les échanges et les transactions financières, culturelle dans la libre circulation planétaire des produits culturels, des informations et des télécommunications, a pour conséquence, outre d'élever littéralement les États-Unis au rang de modèle mondial,

de faire que ce qui se passe chez nous est de plus en plus relayé dans le reste du monde et vice-versa sur tous les points importants du globe. Chaque pays, chaque groupe, chaque entreprise, quelles que soient ses singularités et la vigueur de ses traditions, lorgne sur son voisin, peut comparer – et s'en prive de moins en moins –, les comportements et les évolutions des autres groupes, même à l'autre bout du monde. Nous vivons bien dans un village planétaire. Et, nous le savons bien, au village, la vie de tout un chacun nous concerne, la disparition d'un tel nous émeut, telle naissance nous égaye...

Les États-Unis étant manifestement le centre névralgique de ce gigantesque village politique et culturel, les regards se porteront beaucoup sur eux désormais. Ils devront s'habituer, en retour de leur suprématie, à être observés, adulés, critiqués, contestés.

Tous ces éléments peuvent raisonnablement conduire les Américains à prétendre au rang de modèle mondial. Mais sont-ils un modèle ? En terme de puissance, assurément. En terme d'exemplarité, nullement !

C'est ce que nous pourrions expliquer en démontant la logique économique imposée par les Américains dans leur propre pays, mais aussi dans le commerce mondial ; au rythme où elle accroît ses effets, et bien qu'elle élève indéniablement le niveau de vie et accroisse le confort matériel des gens, cette logique du tout-économique vide la vie de ces mêmes personnes de sens politique et moral et détruit à grande vitesse notre environnement culturel et naturel.

Mais les États-Unis manquent également d'exemplarité sur le plan social et politique. Et c'est là qu'intervient la peine de mort. Elle y est un miroir et, en même temps, la clé de voûte des méfaits de la société américaine. La raison première de ce livre, ce sont les plus de 3500 détenus condamnés à mort qui attendent leur exécution dans les geôles américaines. Les États-Unis sont un pays aux contradictions et aux paradoxes infinis. Le pire y côtoie le meilleur, en politique, dans l'économie, dans la société elle-même. L'accroissement subit, depuis les années quatre-vingt-dix, du nombre d'exécutions capitales est le signe le plus visible que le balancier entre d'un côté les principes du libéralisme politique et de la liberté d'initiative et, de l'autre, un puritanisme moral, l'omnipotence de l'argent et l'obsession sécuritaire, est en train de se déséquilibrer. Le fragile alliage des contradictions internes de la société est en train de s'effilocher à grande vitesse, un mal politique profond mine l'Amérique.
Nous disons qu'un pays qui pratique la peine de mort n'est pas une démocratie majeure ! Nous disons qu'un pays de libertés ne mérite pas ce nom s'il vit avec « une justice qui tue », pour reprendre la formule lancée aux députés français qui s'apprêtaient à abolir la peine de mort par Robert Badinter, ministre de la Justice de François Mitterrand en 1981. Une justice qui coupe des têtes, fusille des corps, empoisonne et électrocute des individus, fussent-ils les pires criminels, n'est pas humaine.

Quelle jeune nation que cette Amérique dont les parties restent divisées d'un État à l'autre, d'une décennie à l'autre, sur cette question pourtant principielle de la peine de mort.

L'ampleur de la peine de mort aux États-Unis

Aux États-Unis, on dénombre près de 7000 personnes exécutées au cours du XXe siècle. La peine de mort y a toujours été présente, sauf aujourd'hui dans 12 États abolitionnistes (Alaska, Hawaï, Iowa, Massachusetts, Maine, Michigan, Minessota, Nord Dakota, Rhode Island, Vermont, Virginie occ., Wisconsin), et pour l'ensemble du pays lorsqu'un moratoire fut observé de 1967 à 1976. Depuis, son emploi n'a fait que s'accélérer, surtout à la fin des années quatre-vingt-dix. Les exécutions se concentrent largement dans les États du sud, le Texas étant le plus actif en la matière. Comme nous le verrons, 40 % des personnes exécutées depuis 1976 sont membres de la communauté africaine-américaine, alors qu'ils ne représentent que 12 % de la population américaine. Enfin, pour prendre la mesure du phénomène, plus de 3500 condamnés à mort attendent à ce jour leur exécution, avec un délai moyen d'attente entre leur condamnation et leur mise à mort de 6 à 9 ans. Au rythme actuel, les États-Unis pratiqueront bientôt plus d'une centaine d'exécutions par an.

Rouvrir le débat

En fait, les États-Unis en sont revenus à la situation du début des années soixante-dix si l'on considère les

conditions horribles et l'inégalité d'application de la peine de mort. Pour bien comprendre les termes dans lesquels se pose aujourd'hui le problème de la peine de mort aux États-Unis, il faut relire certains amendements de la Constitution américaine, dont l'ensemble forme la célèbre *Déclaration des droits, the Bill of Rights*, et retracer rapidement l'évolution de la jurisprudence de la Cour suprême sur la peine de mort.
Le huitième amendement à la Constitution américaine (incorporé en 1791) est le suivant : « Des cautions excessives ne seront pas exigées, ni des amendes excessives imposées, ni des châtiments cruels et inusités infligés ». Cet amendement est sensé protéger le citoyen contre des condamnations excessives, contraires par principe à la justice et à l'éthique. En 1910, dans l'arrêt *Weems vs USA*, la Cour suprême fédérale avait considéré que cet amendement est « évolutif et n'interdit pas seulement les peines cruelles ou exceptionnelles en vigueur en 1689 et en 1787, mais qu'il peut être amené à prendre un sens plus large à mesure que progresserait l'idée formée par l'opinion de la justice humaine ». En 1958, la Cour confirmait cet arrêt, ajoutant que la définition de ce qui rend une peine cruelle et inusitée est liée à « l'évolution des bonnes mœurs, qui témoigne des progrès accomplis par une société qui mûrit ».
Dans cette perspective, en 1976, pour justifier la levée d'un moratoire qu'elle avait pourtant instauré en 1972, la Cour suprême fédérale avait soumis le retour de la peine de mort à plusieurs conditions : des pro-

cès légalement irréprochables (« due process »), des sentences « égales pour tous » et qui tiennent compte des caractéristiques individuelles du délinquant et des circonstances particulières de l'infraction ; les conditions effectives d'exécution du condamné devaient être « propres », décentes, convenables. À ces conditions, la peine de mort pouvait être de nouveau appliquée.

À ce jour, en ce début de XXIe siècle, force est de constater que ces conditions ne sont souvent pas remplies aux États-Unis : parmi les condamnés à mort, de nombreux hommes, femmes, mineurs (que même la Chine, depuis 1997, ne condamne plus à la peine de mort), ou encore des étrangers, voire des personnes souffrant de troubles mentaux, surtout lorsqu'ils appartiennent à des minorités et sont de condition sociale modeste, ne bénéficient pas de conditions équitables dans leur procès. Trop souvent les conditions d'application de la peine de mort bafouent le droit et les droits de l'homme aux États-Unis ; les rapports indépendants d'organisations comme Amnesty International en témoignent.

On peut donc se demander si, avec les élections américaines de novembre 2000 opposant le candidat républicain Georges Bush Jr à Al Gore, vice-président américain démocrate pendant les deux mandatures de Bill Clinton, les États-Unis basculeront définitivement dans la vengeance institutionnalisée, ou s'ils sauront revenir à une justice humaine et efficace, en prononçant un moratoire sur la peine de mort...

Concernant la peine de mort, George Bush Jr n'est pas n'importe qui : il est le champion du monde dans le refus de gracier ou de reporter l'exécution de condamnés à mort, dans son État du Texas, avec cent détenus exécutés sous son « règne ». En ce sens, il porte une lourde responsabilité, – politique sinon morale –, de l'application de la peine capitale à des centaines de personnes. Souvenons-nous de son refus d'entendre l'appel de l'opinion internationale, la supplique de chefs d'État comme Jacques Chirac, actuel président de la République française (et qui, rappelons-le, vota l'abolition de la peine de mort en France en 1981), qui tenta, peu avant l'heure fatidique, de convaincre George Bush, ancien président des États-Unis, d'intervenir auprès de son fils pour ne pas faire exécuter le 1er mars 2000 Odell Barnes.
George Bush Jr nous fait penser à ce procureur royal criminel dont Victor Hugo disait, dans la préface de son livre *Le Dernier Jour d'un condamné*, qu'il avait plus de sang sur ses mains de magistrat que tous les criminels qu'il avait envoyés à l'échafaud.
Quant à Al Gore, il est l'archétype du démocrate aux États-Unis : sur les questions de société touchant fondamentalement aux libertés publiques, il n'ose guère se démarquer de ses rivaux républicains. Bill Clinton et lui ont toujours été, soit très favorables à la peine de mort, notamment dans certains cas (terrorisme, trafic de drogue...), soit désintéressés, renvoyant à la responsabilité des États fédérés qui appliquent leur propre code pénal à leurs citoyens.

On sait que l'opinion publique américaine est majoritairement favorable à la peine de mort. Du moins si l'on en croit les sondages... On sait que l'immense majorité des femmes et hommes politiques à Washington refusent de s'engager clairement pour l'abolition de la peine de mort. Citons tout de même les initiatives courageuses du Sénateur Russ Feingold (Wisconsin) qui défend sa suspension et celle du gouverneur de l'Illinois qui vient de suspendre toute exécution dans son État.
Plusieurs éléments nous semblent réunis pour que le débat sur la peine de mort soit rouvert aujourd'hui aux États-Unis, même si le combat est, et sera, long et ardu. De nombreuses associations militent déjà efficacement pour sensibiliser l'opinion américaine : Amnesty International, Human Rights Watch, le Death Penalty International Center sont les plus connues. De grandes organisations, telles l'*American Bar Association* qui regroupe les avocats et délivre les diplômes de la profession, se prononcent pour un moratoire sur son application. Les Églises, très influentes sur les âmes et consciences des citoyens, s'engagent de plus en plus activement dans le même sens. Le recul sensible de la peine de mort dans le monde, la pression de l'opinion publique internationale, les condamnations successives de la commission des droits de l'homme des Nations Unis, pourraient aider à éclairer l'opinion publique américaine, même si nous la savons isolationniste, notamment en matière culturelle. L'Assemblée générale des Nations Unies

de décembre 2000 verra converger de nombreuses mobilisations (pétitions, forum, manifestations...) pour l'abolition de la peine de mort dans le monde et aux États-Unis. Ce dernier pays et la Chine auront de plus en plus de difficultés à empêcher l'adoption d'une réprobation universelle.

Le piège du syndrome sécuritaire

Ensuite, les États-Unis ne tarderont pas, nous semble-t-il, à mesurer l'échec de leur justice pénale et, au sommet de l'édifice, de la peine de mort. Cet échec est double.

Échec de la justice et de la peine de mort tout d'abord : la répression policière, l'aggravation des peines, les inégalités de traitement et de régime imposées aux minorités et aux plus démunis devant la justice en général, et la peine de mort en particulier, n'ont nullement fait baisser la criminalité en proportion de cette sécurisation accrue. En dépit de l'allongement des peines et de la multiplication des délits passibles de prison, la criminalité n'a que faiblement baissé aux États-Unis[1]. Si on s'élève au rang du continent américain, les juges californiens choisissent l'emprisonnement six fois plus souvent qu'au Québec et la longueur des peines de prison y est trois fois plus grande. En revanche, le taux de criminalité est cinq fois plus élevé en Californie, et le taux de récidive des ex-prisonniers quatre fois plus fort qu'au Québec.

Sur la peine de mort plus spécifiquement, on sait aujourd'hui que les États qui appliquent la peine capitale ont les mêmes statistiques d'homicides que les États abolitionnistes[2]. Des études ont même prouvé que dans des comtés dont les juges et les jurés appliquaient davantage la peine de mort que chez leur voisin (ceci dans un même environnement social, économique et culturel), les crimes étaient plus nombreux. La comparaison peut même s'étendre au niveau des États fédérés puisque c'est de leur niveau que relève, aux États-Unis, la décision d'inscrire la peine de mort dans le code pénal. Ainsi, en un siècle et demi d'études statistiques sur les homicides, de 1846 à 1996, l'État du Michigan (ville de Detroit) qui a aboli la peine de mort en 1846 sans jamais la rétablir, et l'État de l'Illinois (Chicago), non abolitionniste, – États contigus géographiquement et proches quant à leur développement socio-économique –, ont eu les mêmes taux d'homicide.

La peine de mort ne remplit aucune fonction de dissuasion, bien au contraire. La raison de son inefficacité dissuasive se situe probablement dans la psychologie du criminel : lorsqu'un homme commet un crime, il ne se demande pas quelle peine il va encourir au moment de son acte ; il est même convaincu, s'il raisonne à ce moment-là, qu'il va échapper à la justice. S'il se trouve en situation de préméditation, s'il se pose la question des risques qu'il prend, il se peut même que l'existence de la peine capitale l'encourage à plus de violence, plus de cruauté, dès lors que le fait de commettre un premier acte criminel le condamne déjà à la peine ultime de mort. Ainsi des études ont étrangement montré que dans les jours et semaines qui ont suivi des exécutions de condamnés à mort, la violence et les crimes augmentaient dans la zone géographique de l'exécution. Symboliquement et réellement, la violence d'État incarnée dans la peine de mort est un signe qui légitime implicitement la violence de l'individu. Il est clair que la peine de mort contribue à aggraver la criminalité et l'insécurité réelle des citoyens américains. Ceci doit être dit, redit et reconnu par toute personne de bon sens !

Mais l'échec est plus profond : les États-Unis ont versé depuis quelques années dans le tout-répressif, le tout-sécuritaire, le tout-judiciaire. Une psychose de l'insécurité a gagné les villes, s'est emparée des esprits et a brisé l'unité sociale, surtout entre les Américains aisés et le reste de la population. La réussite économique des États-Unis est en train d'être littéralement gâchée par une intranquillité qui vire à la psychose et à l'obsession maladive des citoyens américains. Cette psychose se traduit par des multiples phénomènes : policiarisation de la société, isolement des « bonnes gens » dans des immeubles, des quartiers, des villes même, entièrement coupés du monde et surprotégés, violence accrue de la justice et des conditions d'enfermement des individus arrêtés. Or, d'un point de vue psychologique et social, les Américains sont dans une impasse : les solutions qu'ils se sont données ne font que renforcer et le délire sécuritaire et la violence réelle autour d'eux.

Les Américains sont en train de pâtir de la loi du Talion au nom de laquelle ils justifient la peine de mort. En effet, la loi du Talion est la loi de la surenchère. Si la société répond à la violence par la violence, celle-ci n'ira qu'en s'accroissant. Le criminel n'aura aucun scrupule à être plus violent encore s'il sait que la société le lui rendra coup pour coup. La violence de la société américaine enferme les Américains dans une surenchère qui les fait, à tort, se doter d'une justice répressive. *Le rôle de la société face à la violence est de contenir la violence, non de renchérir*, de faire monter, au nom d'on ne sait quelle vengeance, les enchères de la raison du plus fort. D'autant que la société a tous les moyens de la contenir, de la maîtriser...[3]

Le lien social est pour le moins distendu, voire rompu, dans certaines villes américaines. Comme le reconnaissait Janet Reno, équivalent de notre ministre de la Justice sous Bill Clinton, le 15 avril 1999, au cours d'un déjeuner au Club national de la presse : « De bien trop nombreuses personnes, en particulier parmi les minorités, n'éprouvent pas la confiance qui est indispensable à un maintien de l'ordre efficace, parce qu'elles estiment que la police fait un usage excessif de la force, qu'elle est trop agressive et que la loi n'est pas appliquée de manière impartiale mais irrespectueuse et arbitraire ». La fracture sociale y est le produit d'un régime inégal et injuste.

Toutefois, nous sommes convaincus qu'en même temps que ce cercle vicieux ira en se renforçant, des Américains ouvriront les yeux et comprendront qu'une autre justice est nécessaire, moins répressive, plus équilibrée entre la nécessité de punir et la possibilité de réinsérer et de racheter des personnes condamnées.

Pourquoi donc la peine de mort?

Les États-Unis semblent un cas si paradoxal à nos yeux qu'il nous faut nous poser la question : pourquoi? Pourquoi recourir à la peine de mort alors qu'elle n'est pas efficace? Pourquoi ajouter au nombre d'exécutions des conditions flagrantes d'injustice, d'inégalité et parfois de cruauté, qui relèvent de la torture blanche, pratique connue des tortionnaires et de leurs victimes?

L'application violente et répétée de la peine de mort par la société relève d'une justice entendue comme une vengeance institutionnalisée, conception propre aux sociétés dictatoriales ou pré-démocratiques. Aux États-Unis, cette vengeance faite loi est l'expression de conditions à la fois historiques et bien présentes : au XIXe siècle, la nation américaine s'est forgée notamment sur le mythe du Far-West, de la conquête de l'Ouest et de la soumission des Indiens, époque « glorieuse » pour les Américains où régnèrent longtemps la loi du Talion et la politique du lynchage dans beaucoup d'affaires de justice, d'homicide ou de crime.

Mais cet esprit de vengeance devant celui qui a commis un crime ou un homicide grave a également une dimension sociale bien actuelle : il satisfait, selon nous, le désir de violence et de vengeance des individus socialement aisés – ils sont majoritaires dans la société –, minés par une psychose sécuritaire, vivant constamment dans la peur d'être agressés, voire dépossédés de leur état et de leurs biens. Une justice inhumaine pour les plus démunis, c'est au fond la vengeance du possédant contre l'exclu qui l'empêche de dormir tranquille. Et l'exclu est, aux États-Unis, le ressortissant d'une minorité ethnique, le délinquant, le pauvre. La conservation d'un état de grande prospérité suppose de la part des « possédants » une dureté à l'égard d'autrui que des États, marqués de surcroît par une mentalité puritaine et conservatrice, ont porté à un niveau de violence sociale et étatique insensé.

Une politique pénale efficace, une saine décision de justice doivent toujours veiller à punir, certes, celles et ceux qui violent les lois de la société établie, – la peine vise de la sorte à exercer une exemplarité dissuasive sur le condamné, à neutraliser le récidiviste éventuel –, mais elle doit aussi, et tout autant, aider à la réhabilitation, la réadaptation ou la réinsertion sociale du délinquant. La peine de mort est le signe, en termes de politique et de philosophie pénales, de l'abandon pur et simple de ce second plateau de la balance, le rachat, l'amendement de la personne condamnée. Elle est pure punition, vengeance, échec de la société à racheter les siens, échec de l'individu à qui aucune chance n'est laissée de faire amende honorable.

Si les Américains se sont lancés aveuglément dans une justice punitive, c'est que le règne de l'argent, la psychose sécuritaire, le confort et la logique consumériste se sont nourris mutuellement pour ôter tout sens des valeurs, tout repère social, tout sens positif d'autrui à un grand nombre d'Américains. De sorte que rares sont les citoyens qui, dans la société, se préoccupent de la souffrance et de la violence excessives imposées aux délinquants, aux exclus; rares sont les personnes qui s'émeuvent de voir les principes constitutionnels de l'État de droit américain bafoués allègrement dans la justice, les prisons et les couloirs de la mort.

Le syndrome Colombo

Les États-Unis souffrent de dysfonctionnements majeurs mais ils n'en sont pas moins une grande démocratie. Là où le bât blesse, c'est que, comme souvent en Occident, les principes du droit politique et les fruits de la réussite économique sont réservés à une élite et à une classe moyenne élargie, les personnes appartenant à des minorités ou étant de condition sociale modeste ayant toutes les peines à en bénéficier. Pour bien comprendre l'inégalité des Américains devant leur justice et leur Constitution, il suffit de voir le téléfilm *Colombo*. Ce policier est représentatif du système judiciaire américain... lorsque celui-ci fonctionne.

Contrairement à ses homologues français, le policier outre-Atlantique ne doit pas piéger son suspect en le faisant passer aux aveux, en le soumettant à une pression morale ou physique comme y recourent souvent les policiers français : il doit réunir des

preuves irréfutables, plutôt matérielles et nécessairement logiques, de la culpabilité de son suspect. Toute la procédure pénale américaine repose sur les preuves à apporter, notamment par les avocats de la défense, de la culpabilité ou de l'innocence d'une personne inculpée. Devant un jury américain, si le doute s'insinue dans l'esprit des jurés, leur intime conviction ne peut suffire (contrairement à la France) à faire condamner un suspect. O.J. Simpson a été libéré parce que son avocat à su faire douter les jurés.
Le problème, c'est que ce système fonctionne lorsque l'inculpé a les moyens de payer sa défense, de s'allouer les services de bons avocats. Colombo ne sévit malheureusement que dans les banlieues huppées de Hollywood...
La justice américaine est une machine procédurale d'une grande complexité où un rapport de force se joue, dans tout procès, entre la société, l'accusation, l'inculpé et la défense. Une personne qui ne saurait se défendre serait condamnée d'entrée de jeu à un procès inéquitable. La justice américaine, au fond, ne profite qu'aux riches. Nous en voulons pour preuve que très peu de personnes aisées ont été condamnées à mort aux États-Unis.

Un peu de morale...

Nous n'avons volontairement pas avancé d'argument strictement moral pour récuser la peine de mort. Il nous semble que ses partisans, assoiffés d'une justice punitive et efficace, pourraient mieux entendre l'argument de l'inefficacité prouvée de cette peine. Ils sont pourtant souvent les mêmes qui prêchent des sermons de bonne moralité et de culte des valeurs chrétiennes. Nous ne pouvons cependant nous empêcher de relever que les Américains ont partiellement construit leur jeune nation sur l'anéantissement des Indiens, sur la traite des Africains, sur l'esclavage élevé au rang de système économique. Ils sont coutumiers de la violence comme moyen d'arriver à leurs fins. Nous disons d'emblée que cette face d'ombre de la politique américaine est une réalité de notre Vieux-Continent, et somme toute de l'Occident tout entier. La peine de mort, et au-delà le régime des peines et les conditions de détention des détenus, participent à cette violence interne de nos sociétés développées sur laquelle nous refusons obstinément de nous pencher collectivement.

La religion est chose importante aux États-Unis. Doit-on rappeler le Commandement de Dieu, « Tu ne tueras point » ? Certes l'Ancien Testament et le Nouveau Testament, de surcroît les Églises dans l'histoire, ont, comme nous le verrons dans le chapitre suivant, légitimé paradoxalement le recours à la peine de mort. En ce début de XXIe siècle, il semble que les Églises, notamment aux États-Unis, en reviennent fort heureusement à leurs racines et à leurs principes premiers. Beaucoup d'entre elles militent courageusement en Amérique pour l'abolition de la peine de mort.

La morale concerne aussi la cruauté infligée aux condamnés à mort. Nous disions que la justice américaine ne semble guère se préoccuper de la réhabilitation des personnes inculpées et condamnées. En ce sens, la justice écarte dangereusement toute vocation, toute pédagogie morale. Elle se préoccupe encore moins de la souffrance morale imposée au condamné pendant la période d'attente de son exécution. Le juge Brennan, président de la Cour suprême fédérale, notait ainsi, concernant l'arrêt *Furman vs Georgie* de 1972 qui instaurait le moratoire : « nous savons que la souffrance morale est indissociable de notre pratique consistant à punir des criminels par la mort, car la perspective de l'exécution à venir impose une terrible épreuve durant l'attente inévitablement longue séparant le prononcé de la sentence et le moment de l'exécution proprement dite ». Au fond, la peine de mort est une double peine qui la rend plus cruelle encore : première peine avec les années d'attente, de sursis, de mortification du condamné, d'entre vie et mort ; seconde et définitive sentence avec l'exécution elle-même du condamné. Il y a là disproportion et cruauté morale !

Face à cette violence de l'État, nous avancerons un ultime argument philosophico-moral : l'individu est sacré, surtout aux États-Unis et, donc, la peine de mort (au même titre, mais dans une bien moindre proportion symbolique, qu'une personne qui tue un de ses semblables) détruit la sacralité de l'individu. Doit-on rappeler que les droits de l'homme sont conçus pour protéger les corps contre les violences de la société, c'est-à-dire contre les méfaits d'autres individus et contre les interventions abusives de l'État ou du corps social. Les droits de l'homme, c'est l'idée que mon corps est inviolable et que la société trouve sa légitimité dans la sécurité qu'elle garantit à l'inviolabilité de mon corps. Toute violence de l'État qui priverait ma liberté sans raison ou proportion raisonnable, qui m'imposerait des sévices corporels, surtout s'ils sont irrémédiables en cas d'exécution, est illégitime. L'État est l'autorité qui *prétend* au monopole de la violence légitime, disait Max Weber. Sa légitimité s'arrête à la sécurité de mon corps, l'individu étant, dans un État de droit, le *lieu* où s'exerce l'universalité des principes de droit, le rempart devant lequel l'État doit se soumettre et qu'il doit en même temps défendre. Aux États-Unis, la violence de l'État est devenue illégitime car excessive ; trop de corps sont anéantis, trop de souffrances disproportionnées sont imposées aux délinquants.

Cette idée des droits de l'homme nous semble compatible avec la philosophie de la société américaine. L'individu y est sacré, sa liberté d'aller et venir, d'entreprendre, de s'exprimer sont des piliers de la Constitution et de la société politique et économique. Si un individu tue un homme, certes il viole le pacte social, il mérite punition. Mais il ne peut être privé de vie lui-même, car ce serait reconnaître au niveau de la société le droit de mort, de privation de la vie, droit rendu impossible par la « sacralité » de l'individu[4].

Les sondages, les sondages...

Au fond, si les États-Unis sont une grande démocratie, le peuple ne sait encore dans sa majorité y contenir ses passions ni son désir de vengeance pour se soumettre librement aux principes de l'État de droit qui supposent, eux, le respect, pour tout un chacun, de sa liberté et de conditions décentes de vie, même, – et surtout dirons-nous –, en prison.

On dit l'opinion publique américaine hostile à toute abolition ou à un moratoire sur la peine de mort... Il en serait certainement de même de toute opinion publique dans de grands États.

Au fond, la peine de mort y est encore un tabou qu'il est urgent de lever. Nous en voulons pour preuve les réactions de haine et de rejet suscitées début 2000 par la campagne publicitaire du célèbre photographe Oliviero Toscani pour la compagnie Benetton : « Looking Death in the face » (Regarder la mort en face) et qui mettait, enfin, les Américains devant des condamnés à mort en instance d'exécution.

Notre conviction est que la réalité de l'état de l'opinion est mouvante : tout d'abord, l'immense majorité des Américains se désintéressent de la question. L'exécution d'Odell Barnes le 1er mars 2000 s'est faite dans l'indifférence générale, raison principale pour laquelle le sénateur George Bush Jr put se permettre de ne pas céder à la pression internationale. Sensibiliser l'opinion par des campagnes de presse incessantes et un lobbying intensif est la priorité. D'autre part, des sondages montrent que si 61 % des personnes interrogées sont encore favorables à la peine de mort, au Texas, ils ne seraient plus que 41 % si la réclusion à perpétuité sans possibilité de sortie conditionnelle la remplaçait[5]. D'autres sondages dans d'autres États montrent une corrélation entre le rallongement des peines de sûreté et le ralliement aux idées abolitionnistes. Nul doute qu'en l'état actuel de l'opinion, mieux vaudrait militer pour un moratoire sur l'application de la peine de mort. Ne serait-ce que pour mettre de l'ordre dans les conditions inéquitables de jugement des condamnés : Mumia Abu-Jamal fait partie de ces centaines de condamnés dont il est prouvé qu'ils ont pâti de parodies de procès, de conditions contraires à tout code de procédure pénale d'un État de droit.

La commutation de la peine de mort en réclusion criminelle à perpétuité, notamment pour les détenus considérés comme « irrécupérables », aurait l'avantage d'éviter les exécutions d'innocents, trop nombreuses aux États-Unis faute de respect dans trop de procès des règles élémentaires de la procédure pénale.

Mais l'opinion est aussi la plupart du temps plus mesurée dans sa prise de position : tout un chacun aura une propension naturelle à se dire qu'il est favorable à la peine capitale dans certaines circonstances atroces, meurtres et viols d'enfants, assassinats de policiers, terrorisme... L'énumération de ces circonstances dans l'opinion est d'ailleurs souvent moins nombreuse que les cas pris en compte par la justice américaine pour condamner un criminel.

Pour ces raisons, l'opinion américaine peut évoluer. A celles et ceux qui ont une position mitigée, – les plus nombreux certainement – nous disons ceci : face à la peine de mort, une question de principe se pose, il faut décidément choisir. D'autant plus que nous savons que cette peine capitale est inefficace et qu'une justice qui se contente de punir et ne sait manier que le glaive, fait remonter dans la société, des tréfonds de nos racines et de nos passions, une sorte d'état de nature où l'homme n'est plus qu'un loup pour l'homme. Tel est le destin auquel les Américains, riches mais dans l'insécurité permanente, se destinent s'ils ne changent rapidement de voie.
Telle est la tâche assignée aux représentants politiques dans un régime représentatif de droit : être homme politique dans une démocratie est affaire bien plus ardue que dans une dictature. Car un homme politique doit savoir y composer entre la règle de la majorité et son devoir d'imposer, contre l'avis du plus grand nombre si nécessaire, les principes de l'État de droit et du respect des libertés fondamentales.
L'abolition de la peine de mort est l'une de ces questions de principe qui mettent une société politique devant elle-même. Plus que toute autre, l'abolition de la peine de mort est le moment où un peuple atteint sa maturité politique en conjuguant loi du nombre et régime des libertés.
« Le pays le plus libre et le plus violent ». Tels sont les États-Unis. À quand la majorité politique de cette grande démocratie américaine ?

« Il faut que la société se venge,
que la société punisse.
– Ni l'un, ni l'autre. Se venger
est de l'individu, punir est de Dieu.
La société est entre deux.
Le châtiment est au-dessus d'elle,
la vengeance au-dessous.
Rien de si grand et de si petit
ne lui sied. Elle ne doit pas
« punir pour se venger »;
elle doit corriger pour améliorer. »

Victor Hugo
Le Dernier Jour d'un condamné

une brève histoire de la peine de mort et de son abolition

de la vengeance privée à la peine capitale

Un rapide historique de la peine de mort et de son abolition dans le monde permet de mesurer en quoi les États-Unis font office d'exception, tant parmi les démocraties, que, chose plus grave, si on compare leur justice pénale à celles des régimes les plus dictatoriaux de la planète. Les civilisations, jusqu'aux plus anciennes, semblent toutes avoir eu recours à la peine capitale comme sanction suprême. Vengeance privée au départ, la peine de mort qui relevait jusqu'alors de la tradition, de la vendetta, s'est trouvée récupérée par les pouvoirs centraux au fur et à mesure qu'ils se renforçaient et que les unités nationales se forgeaient.

La plupart du temps, la peine capitale se justifiait en dernière instance par un argument métaphysique, un droit venu d'en haut et transmis par la divinité. Elle se légitimait également par la croyance selon laquelle la souillure du sang versé ne peut être nettoyée que par la vengeance dans le sang.

Déjà les peuples de l'Antiquité encadraient strictement l'usage de la peine de mort. Quoique les Hébreux l'eussent admise dans leur législation, ils y

ont introduit d'emblée une limitation : seules sont susceptibles d'entraîner la mort les infractions consignées dans la Bible et les jurisprudences rabbiniques. Chez les Grecs, qui associeront très étroitement la cité et la religion, la peine de mort jouera un rôle d'élimination des ennemis de la cité. Ce rôle « capital » fera de la peine de mort un facteur unificateur de la cité, mais expliquera également les raffinements cruels que la Grèce concevra pour sa mise en œuvre. Dans le même esprit de limitation et d'usage exemplaire de la peine de mort, les Grecs introduiront une distinction conceptuelle qui existe encore de nos jours entre le meurtre dit volontaire et le meurtre involontaire, jetant ainsi les bases des catégorisations modernes.
L'évolution du droit romain, toujours complexe, est, en ce qui concerne la peine capitale, l'histoire de l'évolution du monde antique vers l'univers politique moderne. Le pouvoir de mort, associé à l'État et à l'institution religieuse étroitement liés, devient peu à peu laïque, au fur et à mesure que la république romaine va s'élaborer. L'usage de la peine de mort est de moins en moins populaire avec l'affermissement des institutions républicaines, et son abrogation devient peu à peu tacite, les criminels préférant l'exil, les condamnations devenant des bannissements *de facto*.
Changement de direction avec l'affaiblissement de l'empire romain : le laxisme de Rome au début de notre ère et les guerres civiles qui s'en suivirent entraîneront un mouvement vers son rétablissement, qui culminera au moment de la naissance du christianisme.

Le Bas-Empire applique alors de façon impitoyable la peine de mort. Elle est employée dans une multitude de cas, avec des raffinements pervers.
L'histoire montre ici à quel point le rôle de protection de la société assigné à la peine de mort est vain et illusoire : en dépit des condamnations à mort de faux monnayeurs, de fraudeurs, et d'autres délinquants économiques, l'impossibilité d'appliquer cette sanction dans tous ces cas mènera à l'impunité de la plupart des « délinquants » économiques. Si l'on suit certaines analyses, comme celle de J. K. Galbraith, la corruption généralisée et la baisse de la valeur de la monnaie ont mené à la chute de Rome. Par son inefficacité redoutable, la peine de mort a favorisé la délinquance économique et, en ce sens, a contribué à la chute de Rome.
Les Chrétiens et les pères de l'Église ont tous défendu la peine de mort, sauf lorsqu'ils critiquaient l'institution romaine avant d'en prendre son contrôle. Dès ce moment, et sans l'autoriser formellement comme institution, l'Église s'est pendant longtemps réservée une influence suffisante sur son bras politique séculier pour appliquer la peine de mort sans en assumer la responsabilité.
Telle fut l'hypocrisie de l'Église catholique jusqu'à nos jours qui se réfugia derrière une distinction dont les fondements sont de toute évidence spécieux : elle reconnaissait qu'une sanction capitale pouvait être nécessaire, mais considérait qu'il n'est pas du ressort de l'Église de prononcer une telle peine. Cette ambi-

guïté persistante va plonger le débat sur le droit de vie et de mort dans l'obscurantisme pendant des siècles, le temps pour le corps politique de s'affranchir lentement de ses liens avec la continuation chrétienne de la dictature romaine.

Avec le déclin de l'Empire romain coïncida celui du débat sur le droit de mort. Malgré un lent processus de légalisation, la peine de mort fut appliquée de façon quasi arbitraire et massive au Moyen Âge. Néanmoins, des parcelles de droit romain subsistèrent qui, mêlées aux traditions franques, vont inspirer une politique pénale particulière. Un système judiciaire singulier s'installe alors au Moyen Âge : premièrement, les procédures judiciaires peuvent faire appel au jugement divin par le biais du duel judiciaire, pour le cas où aucune preuve ne serait déterminante pour confirmer ou infirmer la culpabilité d'un accusé[6].

Deuxièmement, la raison d'État (héritée du droit romain) s'efface au profit de la personne privée, le souverain : ce n'est plus seulement la trahison, donc l'acte, qui est puni, mais le parjure, donc le simple fait d'exprimer une intention.

Troisièmement, les compositions pécuniaires (compensations le plus souvent en argent pour dédommager les victimes, en échange de la vie du coupable) réduisent les cas d'application de la peine capitale. Malgré cela, la peine de mort est maintenue afin de punir toutes les atteintes graves portées au fragile équilibre social.

Avec la montée en puissance de l'Église, c'est elle qui va se porter garante de l'ordre établi, et devenir le bras armé de l'ordre féodal naissant. Le pouvoir ecclésiastique primant sur la puissance séculière, c'est au nom de la raison d'Église que l'Inquisition va user sans frein ni dignité d'un arbitraire pouvoir de mort. Au même titre que tous les régimes criminels de l'Histoire, l'Inquisition s'est constituée en un impitoyable et efficace système de répression au service de l'Église, qui tentait de ne pas s'impliquer directement. Comme Ponce Pilate, dans le système inquisitorial, l'Église détermine la culpabilité d'un hérétique et tente de le ramener dans « le droit chemin ». S'il s'obstine, l'accusé est alors livré au pouvoir séculaire qui doit appliquer la sentence, puisque seule l'autorité ecclésiastique a le pouvoir de maintenir la cohésion sociale. La liste des crimes commis rejoint celle des régimes d'exceptions et des crimes de masse.

A la même époque, au début du second millénaire, et pour la première fois dans l'histoire, le principe même de la peine de mort est mis en cause par une secte chrétienne dissidente, les Vaudois, qui défient l'Inquisition en enseignant, à la suite de Valdo, que l'un des dix commandements proscrit absolument le meurtre. Mais trop opposés aux logiques conquérantes du nouveau pouvoir romain, les Vaudois seront persécutés.

En tout état de cause, l'ensemble de l'Église est au Moyen Âge particulièrement favorable à la peine de mort qui est considérée comme un élément d'unification des communautés. En montrant un accusé

en train d'être mis à mort, l'Église, par le truchement d'un pouvoir politique naissant qui n'existe encore que par elle, montre qu'elle exerce un pouvoir global, total, sur la population.
Dès lors, c'est autour de deux axes que s'oriente l'évolution de la peine capitale : de plus en plus, elle se justifie par son *exemplarité*, alors que ce dernier concept n'est que celui, dégradé, de rituel communautaire, ferment unificateur de toute société en construction. En outre, l'usage de la peine de mort sera *limité* aux cas d'atteinte aux fondements de la société : homicide, rapt, viol, vol, fausse monnaie, incendie, lèse-majesté. Louis XI, en renforçant le pouvoir central, va contribuer à lier, en France tout au moins, très intimement le pouvoir, ou l'État, à la personne qui le représente.
Avec la Monarchie absolue, la progression du centralisme, la paupérisation sans cesse plus grande vont entériner l'instrumentalisation de la peine capitale au service du renforcement du pouvoir de l'État. Les révoltes se multipliant, la répression se fait féroce, même si elle se dote peu à peu d'une ébauche d'outil d'évaluation de la responsabilité pénale.
C'est le système même de la répression, hiérarchisée à partir du pouvoir royal qui, en dotant la justice d'une structure fixe, va contribuer à faire avancer la science pénale à grands pas, en particulier sur la peine de mort.
Certes, celle-ci va être appliquée de façon parfois massive, liée à l'extension des compétences crimi-

nelles des juridictions, mais une structure procédurale va progressivement se mettre en place. Peu à peu, de grands principes sont admis, comme celui de la légalité des peines : pour être juste, une peine doit être légale. Cela vise à empêcher les exécutions extrajudiciaires, comme le lynchage, encore pratiqué aux États-Unis dans la seconde moitié du XXe siècle.
La considération des circonstances dans lesquelles le crime a été commis est également un principe nouveau : la notion de *circonstances atténuantes* va fonder les gradations criminelles. Cependant, le poids de la tradition persiste à se faire sentir : tout crime de lèse-majesté justifie des supplices terrifiants. Généralement, cette période aura été, dans l'Europe de l'Espagne à la Russie, d'une extrême sévérité, dominée par l'idée que la peine de mort est la sanction judiciaire la mieux à même de préserver l'ordre établi.
Le pouvoir politique, qui ne dispose d'autre légitimité que celle offerte par le ciment idéologique de l'Église, en se rendant peu à peu indépendant de celle-ci, va perdre son support. Commence alors le transfert très progressif de légitimité vers le peuple. Avec cette lente dynamique va s'enclencher le mouvement vers la réduction de l'emploi de la peine de mort, puis son abolition.

le lent cheminement de l'idée abolitionniste

C'est avec la floraison des théories contractualistes de la constitution du corps politique, au siècle des Lumières, que Cesare Beccaria pose les bases de l'argumentation moderne contre la peine de mort, châtiment suprême. L'argument de Beccaria n'est plus métaphysique, terrain sur lequel s'était jusqu'alors tenu l'essentiel d'une ébauche de débat, mais bien politique, et annonce le mouvement vers l'abolition universelle de cette sanction absolue.

La justification par l'Église catholique de la peine de mort (qui, rappelons-le, n'évoluera de façon notable que dans les années quatre-vingts) tient dans un argument théologico-métaphysique qui trouve son fondement dans la reconnaissance chrétienne de la notion d'expiation : le châtiment est considéré comme un moyen de repentir, et donc de salut. L'hérésie étant le crime suprême, seule la privation de la vie est, selon l'Église, une pénitence suffisante pour racheter un tel péché.

Avec les Lumières, c'est la mixtion de l'édifice religieux et du corps politique qui est mise en cause, le fondement du corps social ne trouvant plus sa légitimité dans la correspondance avec la Cité céleste mais dans la notion de contrat. Ainsi l'État n'est-il plus un prolongement terrestre du droit divin, donc absolu et inaltérable, mais l'émanation d'une communauté sociale, évolutive, améliorable. De la même façon, tout en restant eschatologique, le débat s'est ouvert, désormais fondé sur la mise en cause du dogme de l'amendement par l'expiation.

La notion de contrat repose chez la plupart des philosophes politiques de la Renaissance et des Lumières, notamment chez Kant, sur la doctrine de l'intérêt. Les personnes contractantes transmettent tout ou partie de leurs droits individuels à une autorité afin de servir au mieux leurs intérêts.

Dans ce cadre, le problème de la peine de mort se montre dans une double dimension : métaphysico-théologique tout d'abord. Si le suicide est toujours considéré comme un péché, cela signifie que le sujet moral chrétien ne dispose pas du droit de mettre fin à ses jours ; il ne peut donc transmettre ce droit à aucune autorité, seul un gouvernement de droit divin pouvant s'octroyer ce pouvoir.

Mais le débat est enfin lancé sur un plan philosophique avec Beccaria : *la peine de mort ne saurait être légitime puisque personne ne peut céder par contrat le droit à une quelconque autorité de disposer de sa vie.* Dans une société libérée des implications divines, la question de la mise à mort légale se pose certes toujours, mais elle ne trouve plus, dès lors, de justification métaphysique mais politique : *la légitime défense de la société*, plus rarement l'idée de vengeance, dans un système conceptuel et un contrat social rationnels et fondamentalement intéressés, est la dernière raison éventuellement invocable pour justifier la peine capitale.

À cet égard, il est intéressant de voir comment Rousseau justifie la peine de mort : « D'ailleurs tout malfaiteur attaquant le droit social devient par ses forfaits rebelle et traître à la patrie, il cesse d'en être membre en violant ses lois, et même il lui fait la guerre. Alors la conservation de l'État est incompatible avec la sienne, il faut qu'un des deux périsse, et quand on fait mourir le coupable, c'est moins comme citoyen que comme ennemi.[7] »

Rousseau justifie la peine de mort dans un seul et strict cadre d'urgence, annonçant dès 1762 les apologies de la Terreur et des autres régimes d'exception.

Kant veut lui aussi légitimer la possibilité du crime légal. Sa pensée repose tout d'abord sur la doctrine de l'intérêt selon laquelle les échanges sont fondés sur leur réciprocité rationnelle. La peine de mort n'y aurait ici point de place : si la société pouvait mettre à mort un homme, alors que ce dernier ne pourrait nullement rendre la pareille à la société, le contrat social ne serait plus fondé rationnellement car il serait « inintéressant » pour l'individu. Cependant, dans son projet de fonder le droit et le corps politique et cosmopolitique, un droit pénal et un régime des peines y sont nécessaires. La loi pénale se pose, pour

Kant, comme un impératif catégorique pénal : « si je commets un crime, j'universalise l'acte que j'ai commis et je m'engage, comme être moral, à ce que la société me punisse à hauteur du crime que j'ai commis. » Mais cette position kantienne est ambiguë : la peine de mort y conditionne le droit pénal, mais elle dépend en dernier ressort de la liberté du sujet. C'est au criminel qui a tué qu'il appartient, en préférant sa mise à mort à une incarcération perpétuelle, de réparer son acte et de rééquilibrer l'échange avec la société.

La peine de mort doit être abolie, pour Fichte, mais pas la possibilité pour les forces de l'ordre d'user de violence ; lorsque la vie d'un individu contractant est mise en danger par un autre homme qui par cet acte même a rompu le contrat, ce dernier ne dispose plus du droit à la protection. On peut lui faire violence (le système pénal se justifie donc pleinement) mais pas le mettre à mort.

Avec Fichte, c'est une réfutation totale de la peine de mort qui est désormais conceptualisée, tant sur le plan métaphysique que politique. La protection de l'individu et sa liberté y deviennent le pilier fondamental de sa pensée.

Les pensées du contrat social réfutent donc la peine de mort ou limitent son application à des cas extrêmes. *En soi*, en principe, elle ne trouve plus de raison d'être.

Mais pourquoi n'y a-t-il point de place à la peine capitale dans une pensée du contrat social ? Pour deux raisons : tout d'abord ce serait considérer qu'un individu ou un groupe minoritaire peut mettre en péril l'ensemble du corps social, et donc nier par là même l'utilité et la force de sa constitution contractuelle. En second lieu, et surtout, ce serait considérer le contrat comme un absolu qui, une fois rompu, ne saurait et ne pourrait être restauré. Comment les individus consentiraient-ils à se soumettre à un contrat social si déséquilibré ? Ou si un seul homme pouvait le détruire par sa seule action ?

Le fond des choses est que la peine de mort n'a nulle raison d'être dans un contrat social solidement fondé et qui repose sur la mutuellisation des droits et des pouvoirs de tous les membres de la société.

Si rares sont les cas de mise en péril de la société et du contrat qui la fonde que la peine de mort ne peut que tomber en désuétude.

Parallèlement à la constitution contractuelle de la société qui met celle-ci à l'abri de toute atteinte individuelle, la mise en place d'une réfutation qui ne questionne plus la légitimité mais *l'utilité* même de ce châtiment, se fait dans le cadre de la pensée anglo-saxonne dans le courant du xixe siècle.

La pensée libérale qui se construit avec le capitalisme outre-atlantique va puiser dans le droit à la sûreté fondé par Hobbes et le droit de propriété de Locke une *argumentation économique en faveur de l'abolition* de la peine de mort.

Avec l'éclosion du capitalisme moderne, à la faveur de la révolution industrielle et de ses mutations technologiques, l'utilitarisme remet en cause le meurtre légal au niveau même des rapports de production : pour Bentham, dans son livre *Théorie des peines et des récompenses*, en ce qu'elle est élimination d'un corps productif de la société, la peine de mort est non seulement inutile, mais aussi contradictoire, puisqu'elle affaiblit la capacité de production au lieu de l'accroître.

Cette théorie est confirmée par la négation de l'argument dissuasif par Mill dans son ouvrage *L'Utilitarisme* : s'il s'agit de détourner l'individu du délit, la notion d'efficacité importe plus que celle de justice ; en outre, il indique un nouvel impératif moral, affirmant « [...] qu'il n'est pas juste, du moins pour l'homme, d'infliger à un de ses semblables, quelles que puissent être ses fautes, une quantité de souffrance supérieure à celle qui serait juste suffisante pour l'empêcher de récidiver et pour détourner les autres d'imiter son inconduite. »

Dans ce contexte philosophique, le xixe siècle voit un certain nombre de pays renoncer à la peine capitale, surtout en Amérique du Sud[8] : la plupart des États y deviennent indépendants en se libérant des colons espagnols, avec une aide américaine initiée par la doctrine Monroe (1823) qui fait de l'Amérique latine une zone d'influence privilégiée des États-Unis. Cependant, les arguments utilitaristes n'obtiennent qu'un relatif succès. En effet, l'ambiguïté de la notion, tant d'un point de vue moral que de celui des rapports de production dans une société libérale-

capitaliste, a malheureusement permis à des tenants de la peine de mort de retourner l'argument : sitôt qu'un membre n'est plus utile ou, pire, qu'il est hostile à la société, il est légitime de s'en débarrasser, l'efficacité impliquant alors la mise à mort.
C'est à partir de cette logique que, comme en Europe avec l'invention sinistre de Monsieur Guillotin, nom honni, les États-Unis vont lentement médicaliser les processus d'exécution. Parallèlement, des progrès en faveur de l'abolition en Europe, bien qu'ils fussent lents et rares, s'opposent à une médicalisation de la science criminelle. À la faveur des mirages scientistes et positivistes, les criminels sont stigmatisés comme des membres irrécupérables de la société, justifiant celle-ci dans la volonté d'éradiquer ceux qu'elle considère inaptes à y vivre.
Cette pensée, largement influencée par les théories darwiniennes appliquées à l'étude de la dynamique des structurations sociales, a tout naturellement conduit à un recul de l'audience des thèses abolitionnistes un peu partout dans le monde dans la première partie du XXe siècle. De fait, les crises multiples que celle-ci a traversées, l'éclosion des régimes totalitaires et les guerres ont entraîné un retour en force de la peine de mort. Non seulement au prétexte de maintenir la cohésion sociale face à des périls nationaux, mais aussi dans le cadre de logiques eugénistes (si les criminels sont inadaptés, il est normal que la société, pour survivre, doive se débarrasser des éléments qui la menacent).

Cependant, l'horreur et la cruauté des guerres qui ont marqué l'humanité pendant une moitié de siècle ont laissé les opinions profondément traumatisées. Comme en beaucoup de domaines, la seconde guerre mondiale joua le rôle d'accélérateur de l'histoire, et notamment de l'évolution des mentalités vis-à-vis des politiques pénales.

La peine de mort sera appliquée, dans le cadre du procès de Nuremberg et des procès équivalents dans les pays alliés du Reich, de façon régulière. Cependant, les bases d'une législation internationale sont posées. En outre, ces procès sont marqués profondément par leur caractère exceptionnel, et c'est de ce point de vue là qu'il faut comprendre leur recours à la peine de mort. Il s'agit alors de punir de nouvelles catégories de crimes, sans que beaucoup de jurisprudences n'aident à forger les nouveaux concepts nécessaires. La notion de crime contre l'humanité donne un cadre juridique et une portée imprescriptible à la singularité des génocides perpétrés contre les juifs et les tziganes, et à la systématicité du régime fasciste instauré par le nazisme et ses consorts.

La violence inouïe libérée pendant la guerre a fortement contribué à motiver les nations pour essayer de se doter d'un moyen de droit international efficace ; ce sera l'Organisation des Nations Unies, dont on sait que la mauvaise volonté des grandes puissances a sapé, et continue de le faire, les fondements.

En outre, l'après-guerre est le moment de la théorisation de la « défense sociale » dont le thème central est le refus de la peine capitale comme châtiment ultime. Cette théorie pose les problèmes de la réfutation des arguments mortifères, de la construction d'un système rationnel de répression, du régime des ennemis inamendables de la société (dès lors qu'on ne les condamne plus à mort), enfin, du développement des peines de substitution. C'est que les théoriciens de la défense sociale soutiennent que la criminalité n'est pas liée à l'application ou non de la peine de mort, mais à des facteurs criminogènes liés notamment aux disparités sociales. En outre, contrairement aux arguments dissuasifs, ils affirment qu'*une société qui pratique légalement le crime de sang ne peut qu'inciter ses citoyens à faire de même.* L'expérience américaine contemporaine prouve, comme nous le verrons, la véracité de cette thèse.

Au niveau juridique international, l'idée abolitionniste avance peu à peu. En 1948, l'Assemblée générale des Nations Unies adopte la Déclaration universelle des droits de l'homme, dont les articles 3 et 4 stipulent : « Tout individu a droit à la vie, à la liberté et à la survie de sa personne » ; « nul ne sera soumis à la torture, ni à des peines ou traitements cruels, inhumains ou dégradants ». La difficulté est alors de faire admettre, tant au niveau législatif qu'au niveau populaire, que la peine de mort est effectivement une violation de ces deux articles et des notions fondamentales qu'ils sont censés garantir. Ce n'est ainsi qu'en 1983 que le VIe protocole à la Convention européenne de sauvegarde des droits de l'homme et des libertés fondamentales affirme que « la peine de mort est abolie. Nul ne pourra être condamné à une telle peine ni exécuté ».

Pourtant, les opinions publiques restent à la traîne. Elles persistent à être majoritairement favorables à la peine de mort, en définitive peu influencées par les arguments philosophiques, même si lentement, les rapports de force entre abolitionnistes et mortifères tendent à s'équilibrer dans le sens des droits de l'homme. L'effervescence philosophique de l'après-guerre est très favorable à l'élaboration d'une nouvelle pensée de l'abolition. Les arguments de Beccaria sont toujours utilisés, mais c'est maintenant la nature même du corps politique qui est mise en question, par des hommes tels que Jean-Paul Sartre, Albert Camus, et leurs tenants.

Mais plus fondamentalement, il nous semble que c'est dans la pensée de Michel Foucault que l'on trouve les fondements d'une critique proprement moderne de la peine de mort. À partir de sa thèse, *Folie et déraison. Histoire de la folie à l'âge classique* (1961), il montre que le développement des thèses cartésiennes a abouti en Europe à un système d'enfermement de ceux que la société juge nocifs : les pauvres, les oisifs, les errants, les vagabonds, les débauchés, les libertins, les homosexuels... Cette systémique de la répression de ceux qui défient les normes morales et sociales ne s'est jamais interrompue depuis, les sociétés modernes continuant sans relâche à persécuter ceux qui en refusent les règles iniques héritées de temps révolus. En 1971, une brochure intitulée *Intolérable* paraît en France, publiée par le *Groupe information prisons*, fondé entre autres par Foucault. On y dénonce pêle-mêle les tribunaux, la police, les hôpitaux, les asiles, l'école, le service militaire, la presse, la télévision, l'État... En bref, tous les éléments constitutifs du système de répression des esprits et des hommes de l'État moderne. Avec *Surveiller et punir*, Michel Foucault achève de décrypter les mécanismes coercitifs de l'exercice moderne du pouvoir : l'enfermement, le contrôle des corps et des esprits, la surveillance des populations dites dangereuses parce qu'elles n'acceptent pas le joug qui leur est imposé au nom d'une prétendue liberté. Si en Europe, et dans la majeure partie du monde, le renforcement des systèmes répressifs ne fait que s'accroître, il est notable que les argumentations contre la peine de mort aient malgré tout porté.

La répression, en cette fin de siècle, est un mal permanent, dans les pays démocratiques comme dans les autres. Elle ne vise pas à répondre à une prétendue criminalité qu'au contraire elle engendre, mais partout à réprimer les tenants d'ordres sociaux différents, ou des minorités. Cependant, bon nombre de pays ont compris qu'ils ne pouvaient plus appliquer impunément le crime légal sans rompre avec la tradition forgée depuis des siècles de l'État de droit et des droits de l'homme. En ce sens, l'abolition de la peine de mort, si elle est un progrès dû en partie aux arguments philosophiques et à la bonne volonté

– et au courage d'hommes politiques –, est aussi un alibi pour masquer les véritables intentions de pouvoirs de plus en plus violents et subordonnés à des impératifs économiques.

Comment comprendre ces contradictions entre un recul généralisé de la peine de mort dans le monde, surtout dans les démocraties, et le maintien – voire le renforcement insidieux mais bien réel –, de la violence de la société, notamment dans ses systèmes judiciaires, pénaux et carcéraux ? L'œuvre de Michel Foucault nous rappelle que la peine de mort n'est que la partie émergée, visible, spectaculaire et hautement symbolique d'un système général de répression sociale. Le combat pour une société respectueuse des libertés individuelles doit se porter jusqu'à la dénonciation des conditions d'enfermement, d'emprisonnement, de répression inégale des gens selon leur origine sociale et culturelle.

La France, en la matière, est somme toute représentative de ces démocraties qui ont encore beaucoup de chemin pour à la fois humaniser les conditions pénitentiaires et d'enfermement, mais aussi pour rendre efficace leur politique pénale en terme de prévention et de taux de récidive des criminels. Rappelons que la France a aboli la peine de mort en 1982, bien tard au regard de ses voisins européens.

l'exception américaine

L'évolution historique de la peine de mort, et de son abolition, montre clairement un progrès, certes très lent, vers les droits humains, depuis les débuts de l'humanité. Cette évolution ne saurait cependant être linéaire.

En dépit des avancées vers la suppression universelle de la peine capitale, les sociétés, en particulier occidentales, sont de plus en plus répressives et adoptent sournoisement nombre de caractéristiques propres aux totalitarismes. La violence y est savamment intériorisée et médiatisée, cantonnée à des populations précises, mais elle est bien présente. Dès lors, il apparaît que le combat en faveur de l'abolition de la peine de mort ne doit jamais être dissocié d'un combat plus général contre toutes les formes de répression.

C'est qu'une société ne saurait évoluer vers plus d'humanité en punissant de façon aveugle les gens qui se différencient du corps social majoritaire. Une société vivante et dynamique doit savoir intégrer tous ses membres, par la réhabilitation des populations stigmatisées, le réel respect des droits de l'homme,

la véritable application de la notion d'égalité des chances à tous.
Le chemin est, on le devine, encore très long, voire éternel. Mais chaque être humain, en particulier ceux enfermés dans les geôles des couloirs de la mort aux États-Unis, mérite que le combat se poursuive et s'intensifie...
Car cette histoire nous enseigne également que les États-Unis font véritablement figure d'exception. Ils sont le dernier pays démocratique de la planète à pratiquer assidûment la peine capitale, le Japon y recourant également, moins massivement, et surtout dans des conditions de cruauté extrême !
Si l'abandon de la peine de mort est général dans la quasi totalité des pays démocratiques, une même tendance se dessine heureusement dans le reste du monde. L'Organisation des Nations Unies indique, à fin 1998, que 87 pays conservent la peine de mort comme peine maximale et que 66 pays l'ont abolie ; en outre, 26 l'ont abolie *de facto* (c'est-à-dire depuis 10 ans au moins), et 16 l'ont abolie pour les crimes de droit commun (cf. annexe).

« L'édifice social du passé reposait sur trois colonnes, le prêtre, le roi, le bourreau. Il y a déjà longtemps qu'une voix a dit : Les dieux s'en vont ! *Dernièrement une autre voix s'est élevée et a crié :* les rois s'en vont ! *Il est temps maintenant qu'une troisième voix s'élève et dise :* Le bourreau s'en va ! »

Victor Hugo
Le Dernier Jour d'un condamné

la peine de mort aux États-Unis

une dynamique à contre-courant de l'histoire

En tant qu'État fédéral, les États-Unis ne présentent pas un visage univoque, compte tenu de la grande liberté qui y est accordée aux États fédérés. Avec l'Australie, les États-Unis sont un des rares pays dans le monde où les États qui le constituent peuvent adopter leur propre législation pénale, notamment pour les homicides, viols, agressions et vols en tous genres.

Les idées abolitionnistes se sont déployées lentement au long de l'histoire des États-Unis. Au milieu du XIXe siècle, un premier mouvement s'enclenche avec sa suppression dans le Michigan en 1846. Deux autres États abolissent la peine de mort à la même période : le Rhode Island en 1852 et le Wisconsin en 1853. Notons que seuls ces trois États ne rétabliront jamais jusqu'à la fin du XXe siècle la peine capitale, tous les autres oscillant entre son instauration et son abolition. Le mouvement se poursuit, mais de façon irrégulière, jusqu'à la fin de la première guerre mondiale : en 1918, six États avaient aboli la peine de mort.

Jusqu'en 1972, cette situation n'a que peu évolué. Toutefois, aucune exécution n'eut lieu à partir de 1967. La peine de mort redeviendra une réalité américaine à la faveur d'un débat juridique sur sa constitutionnalité ou, plus exactement, sur la question de son caractère discriminatoire et cruel au regard des amendements à la Constitution américaine.
Ainsi, saisie en 1972, la Cour se prononce le 29 juin de cette année pour l'abolition de la peine de mort par cinq voix contre quatre (les juges nommés par Richard Nixon). Ce moratoire historique permet aux États-Unis de connaître leur seule période de pause dans l'usage de la peine de mort. Toutes les sentences capitales seront commuées et aucune exécution perpétrée entre 1972 et 1977.
Mais une ambiguïté persiste. En effet, la Cour suprême reconnaît alors, dans ce célèbre arrêt *Furman vs Georgie* de 1972, que la peine de mort constitue un châtiment cruel et inhabituel ***dans la façon dont elle était appliquée***, et viole en ce sens les VIIIe et XIVe amendements de la Constitution. Mais cet arrêt suppose que si la peine de mort pouvait être appliquée avec discernement, elle pourrait être conforme à la Constitution.
1976 marque le renversement de la tendance abolitionniste et ouvre une brèche judiciaire dans laquelle de nombreux États s'engouffreront allégrement dans les décennies suivantes. En effet, la Cour Suprême des États-Unis admet alors, dans le non moins célèbre arrêt *Gregg vs Georgie*, que de

nouvelles législations peuvent appliquer la peine de mort sans contrevenir à la Constitution.

Ce revirement correspond à un changement des mentalités aux États-Unis. Le vent de liberté qui avait traversé l'Amérique des années soixante permettant, sous la présidence du démocrate Lyndon Johnson, de mettre en cause la peine de mort, s'est heurté, au milieu des années soixante-dix, au conservatisme républicain de Richard Nixon. L'arrêt *Gregg vs Georgie* correspond au retour du puritanisme et du conservatisme qui va s'accélérer dans les années quatre-vingts.

Le 17 janvier 1977, Gary Gilmore était fusillé en Utah, où les Mormons possèdent un pouvoir considérable. Aucune exécution n'avait eu lieu depuis 1967 ; bien d'autres allaient suivre...

En 2000, trente-huit États et le Gouvernement fédéral ont des codes pénaux qui prévoient la peine de mort. Treize d'entre eux n'ont exécuté personne depuis le moratoire de 1972-1976. Autre précision : depuis 1976, 91 % des exécutions sont concentrées dans quatorze États, dont le tiers au Texas, l'État le plus actif en la matière. Quatre-vingt dix pour cent sont également concentrées dans les États du Sud des États-Unis. Enfin, les 3 700 condamnés à mort en attente d'exécution savent que le délai moyen d'attente dans les couloirs de la mort est de six à neuf ans.

Au total, le nombre d'exécutions effectuées durant le XXe siècle s'élève à 7 000 personnes aux États-Unis !

Exécutions et présidences américaines

Depuis 1977, le rythme des exécutions n'a plus cessé d'augmenter, leur fréquence étant non seulement un argument électoraliste, mais surtout une conséquence des jurisprudences et des législations de plus en plus répressives. Ainsi, de 1981 à 1985, sous le premier mandat de Ronald Reagan, 47 condamnés furent exécutés (4 exécutions ont été perpétrées entre 1977 et 1980, sous la présidence de Jimmy Carter). Le second mandat de Ronald Reagan confirme la tendance, puisque de 1986 à 1989, 70 condamnés sont morts. La présidence de Georges Bush continue l'accélération, avec 108 peines capitales appliquées de 1990 à 1993. Le démocrate Bill Clinton va continuer dans cette voie, durant ses deux mandats, d'abord de 1994 à 1997, avec 206 exécutions. Au cours de son second mandat, 195 personnes ont déjà été exécutées à la mi-mai 2000, alors que près de 3700 personnes attendent dans les couloirs de la mort. Rappelons également que, tout démocrate qu'il est, Bill Clinton a étendu en 1994, par son *Crime Bill*, la peine de mort au niveau fédéral pour couvrir près de 60 crimes, dont le terrorisme et le trafic de drogue à grande échelle. En 1999, les États-Unis ont procédé à l'exécution de 98 personnes, un record depuis le rétablissement de 1976. Près de la moitié de ces exécutions ont été perpétrées dans les seuls États de Virginie et du Texas de M. Georges Bush J.-R. Sur ces 98 exécutions, on compte des étrangers, un enfant, et des personnes retardées ou malades mentales.

L'autre archipel du goulag

On ne peut cependant comprendre l'emploi si massif de la peine de mort sans replacer cette cruauté dans l'ensemble du système judiciaire, répressif et pénitentiaire américain.

La peine de mort, et le nombre croissant d'exécutions, n'est que le symptôme le plus atroce et sanglant de la perversion de l'ensemble du système judiciaire américain. Celui-ci laisse apparaître des dysfonctionnements graves à tous ses échelons : de la police aux prisons, la politique de répression va de pair avec le désengagement de l'État fédéral sous l'impulsion de la pensée ultra-libérale initiée sous Ronald Reagan.

La justice américaine s'est dotée depuis les années quatre-vingts de tout un arsenal de peines, plus inhumaines et cruelles les unes que les autres. La peine de mort y tient sa place aux côtés d'autres punitions pénales : les punitions corporelles, les punitions de parents, les travaux forcés ou *chain gangs*, l'emprisonnement-choc ou *boot camp*, la surveillance intensive ou électronique font partie des pratiques réintroduites dans un État devenu sécuritaire.

En 1980, 316000 personnes étaient retenues dans les prisons américaines. Elles sont, vingt ans après, près de 2 millions. Dans un contexte où, de fait, la seule légitimité de la peine de mort est sa popularité, dans un système politique confisqué par les Blancs et vicié par l'argent et le racisme, la population carcérale des États-Unis reste la plus importante de la planète, et continue de s'accroître : en 1998, indique le Human

Right Watch, elle était de 1,8 millions de détenus, soit un taux d'incarcération de 668 pour 100 000 habitants. Le nombre de femmes en prison était de 84 427, soit deux fois plus qu'en 1990. Près de 3 500 hommes, femmes, enfants, étrangers, handicapés mentaux, innocents ou prisonniers politiques attendent dans les couloirs de la mort leur exécution.
Malgré le renforcement de l'arsenal judiciaire, la criminalité, elle, n'a pourtant pas connu de baisse, mais au contraire une hausse corrélée à celle de la population carcérale. C'est que la répression a de toute évidence une motivation autre que la baisse de la criminalité. La mise en place d'un système exécutant plusieurs centaines de personnes par an, enfermant des millions de gens, est à la fois une source d'emplois et génère en même temps des sommes colossales.
Sous la présidence de Ronald Reagan, en ce qui concerne le fonctionnement de la justice, déréglementation et réduction des dépenses publiques ont naturellement incité le gouvernement fédéral à recourir de plus en plus à l'investissement privé pour répondre à l'explosion des dépenses en matière carcérale. L'ultra-conservatisme puritain intolérant et sécuritaire, après deux décennies de progressisme, a renforcé ce mouvement.
De 1984 à 1998, les dépenses liées à l'appareil carcéral américain[9] sont ainsi passées de 6 milliards de dollars à 35 milliards, soit environ six fois plus, ce qui correspond à peu près à la croissance de la population enfermée.

Ce phénomène a incité l'État à avoir recours à des pratiques anciennes dans ce pays, qui avaient disparu à la faveur des avancées vers la démocratie : la location-vente et l'exploitation du travail des détenus. Dès les années quatre-vingts, des compagnies privées ont relayé l'État dans le domaine de la construction et de la gestion d'un certain nombre de prisons, constructions qui n'ont cessé d'augmenter. Ainsi, aujourd'hui, près de 30 États possèdent-ils des prisons privées, exploitant une population d'au moins 90 000 détenus.

Ces pratiques sont anciennes aux États-Unis. Avant l'importation-déportation massive d'esclaves en provenance d'Afrique, les États-Unis achetaient des détenus à la Couronne britannique qui fournissait ainsi une main-d'œuvre bon marché et aucunement revendicative. Durant la seconde moitié du XIXe siècle, l'abolition de l'esclavage favorise la naissance d'une nouvelle forme d'exploitation des prisonniers. Ceux-ci sont cédés à des compagnies privées extérieures, qui peuvent ainsi les faire travailler sans les rémunérer. Déjà, le traitement des détenus dans ce genre de situation était très dégradé par rapport à celui, déjà peu brillant, du reste de la population carcérale. Au XXe siècle, cette pratique, maintes fois dénoncée, est peu à peu abandonnée sous la pression de l'opinion. Mais la situation ne change guère sur le fond : la location-vente s'effectue désormais au profit des entreprises d'État, avant d'être abandonnée à la veille de la seconde guerre mondiale.

Ce n'est qu'avec le retour au pouvoir des tenants d'un moralisme ultra-conservateur et la politique ultra-libérale de Ronald Reagan que ces méthodes vont être réactualisées, dans le courant des années quatre-vingts. Par exemple, la Corrections Corporation of America (CCA), créée en 1983, loge et loue 40 000 détenus. Pour mémoire, l'un de ses fondateurs n'est autre que Thomas W. Beasley, ancien président du parti républicain dans le Tennessee. L'appareil carcéral répressif privé, remis au goût du jour par les républicains, est pour sa majeure partie sous le contrôle de proches de ce parti.

De fait, on ne peut échapper au doute quant à une collusion entre d'un côté le pouvoir politique qui, par différentes législations, a fait augmenter le nombre des délits passibles de prison et a allongé les peines visant des catégories sociales et raciales précises de la population américaine (pauvres, toxicomanes et africains-américains), et d'autre part des milieux d'affaires qui se voient offrir une main d'œuvre quasiment gratuite et complètement soumise.

Mais les appuis de ces milieux industriels ne semblent pas se limiter aux républicains, comme le montre la croissance des revenus générés par cette industrie dans les années quatre-vingt-dix.

Les régions rurales, gravement touchées par la crise, ont été en partie sauvées par la construction de prisons. Il est ainsi des comtés dans lesquels l'appareil carcéral est devenu le premier employeur, surtout lorsqu'il est privé et bénéficie par conséquent de contraintes allégées. Au point que certaines unités privées commencent à fermer leurs centres de fabrication à l'extérieur pour l'inclure dans les ateliers pénitentiaires. La manne financière, difficile à évaluer, mais qui représente au moins plusieurs dizaines de milliards de dollars, les emplois créés aux abords des prisons et le fait que les procureurs de districts élus ont des pouvoirs étendus, laisse à penser que la logique répressive des États-Unis n'est plus seulement guidée (l'a-t-elle seulement jamais été) par l'éthique et la justice, mais par l'argent, le racisme et le pouvoir.

Inutile de dire que les conditions de détention sont désastreuses dans un système répressif aussi développé : elles sont vivement stigmatisées par toutes les études, notamment celles menées par l'association Human Right Watch. La plupart des établissements carcéraux du pays sont surpeuplés, fonctionnant à sur régime et sur capacité. La Californie, qui dispose du plus grand système pénitentiaire du pays, compte deux fois plus de détenus que ses prisons ne peuvent en accueillir. La violence est partout omniprésente. Ainsi, en 1998, 79 détenus ont été tués. Des milliers de viols, menaces, combats, agressions dans les prisons ont été rapportés, nécessitant des soins médicaux.

Le gigantesque marché de la mort alimente enfin un ignoble trafic, dont il est impossible de mesurer nettement l'ampleur. En 1985, les autorités de Floride ont dû reconnaître que des cerveaux de condamnés avaient été remis à un biologiste pour ses recherches.

À partir de 1988, la prison de Sin-Sin a imposé que soit effectuée immédiatement après l'exécution d'un condamné une autopsie, officiellement pour confirmer sa mort. Sans que cela semble corrélé, on apprend en 1989 qu'à Taïwan, puis en Chine populaire, des prélèvements d'organes ont été effectués sur des condamnés afin d'alimenter le marché des greffes. Dès lors, il existe de fortes présomptions sur l'existence d'un semblable marché aux États-Unis. En effet, c'est très officiellement qu'en 1993, J. P. Jernigan, exécuté au Texas par injection, a offert son corps à la science : six heures après sont exécution, son corps a été plongé dans un bain de gélatine, découpé en 1878 tranches de 1 mm, afin de réaliser un CD-Rom d'anatomie ! Curieux et abjecte paradoxe d'un système qui prétend sauver des vies en en volant d'autres ? Même pas : les motifs financiers sont bien suffisants pour justifier ces actes immondes car il suffit d'imaginer les bénéfices que va engendrer la vente d'un tel logiciel.

Ainsi, en vingt ans de conservatisme moral et d'ultra-libéralisme économique, les États-Unis se sont ainsi dotés d'une législation ultra-répressive visant des populations extrêmement ciblées, d'un système carcéral de plus en plus privatisé qui peut exploiter avec le maximum de rentabilité la main-d'œuvre prisonnière, d'un système juridique et logistique d'élimination physique efficace visant à briser toutes les tentatives d'humanisation du pays.

L'autre archipel du goulag se dessine sous nos yeux, dans un pays dominé par les WASP, littéralement « les blancs, protestants et anglo-saxons ». Le système carcéral américain s'apparente aux logiques esclavagistes des pires dictatures de l'histoire.

Sa motivation, on l'a vu, est double : elle vise, d'une part, à éliminer une partie rejetée par le pouvoir WASP de la population américaine (minorités ethniques, en particulier la population africaine-américaine), d'autre part, à générer d'énormes bénéfices financiers.

La peine de mort est la clé de voûte d'un complexe judiciaro-répressif dont l'ampleur nous permet de dénoncer l'archipel du goulag américain.

un système cruel et inégalitaire

Non seulement il est fait un usage massif de la peine de mort aux États-Unis, mais ses conditions mêmes d'application y sont particulièrement cruelles.

Techniques de mise à mort

Les moyens employés de mise à mort ont de quoi émouvoir et soulèvent des objections juridiques majeures dans un État de droit.

Les condamnés à mort y sont exécutés de cinq façons différentes : par injection, électrocution, gaz, pendaison, peloton d'exécution. Il faut savoir qu'un condamné a le choix généralement entre deux modes de mise à mort.

La plupart des États (trente-trois) ont adopté la méthode par injection, qui consiste en une triple injection, dont la dernière est celle d'un poison provoquant la mort. Arizona, Arkansas, Californie, Caroline du Nord, Caroline du Sud, Colorado, Connecticut, Dakota du Sud, Delaware, Floride, Idaho, Illinois, Indiana, Kansas, Louisiane, Maryland, Mississipi, Missouri, Montana, Nevada,

New Hampshire, New Jersey, New Mexico, New York, Ohio, Oklahoma, Oregon, Pennsylvanie, Texas, Utah, Virginie, Washington et Wyoming recourent à l'injection.
Alabama, Arkansas, Caroline du Sud, Floride, Georgie, Kentucky, Nebraska, Ohio, Oklahoma, Tennessee et Virginie emploient la méthode de l'électrocution, c'est-à-dire la chaise électrique.
La chambre à gaz peut être utilisée en Arizona, Californie, Caroline du Nord, Maryland, Mississipi, Missouri et Wyoming.
La pendaison peut être employée au Delaware, Montana, New Hampshire et Washington.
Enfin, le peloton d'exécution est accepté en Idaho, Oklahoma et Utah.
En 1977, le Texas et l'Oklahoma furent les premiers à adopter l'injection létale comme moyen d'exécution, seule méthode considérée comme « propre » et conforme au VIIIe amendement de la Constitution américaine. Afin de réintroduire la peine de mort, les États ont depuis anticipé sur d'éventuelles requêtes fondées sur les violations du VIIIe amendement. Ainsi, au fur et à mesure que les États se sont dotés d'un arsenal législatif conforme à l'arrêt *Gregg vs Georgia*, ils ont également le plus souvent suivi les sinistres pionniers de l'injection.
Cette question de la méthode d'exécution a donné lieu à la célèbre affaire Bryan en Floride. Craignant l'annulation pure et simple de toutes les exécutions prévues dans cet État, Jeb Bush, frère de George

Bush Jr, a fait réunir en session extraordinaire le corps législatif afin d'adopter l'injection létale comme moyen d'exécution alternatif, et inciter à une accélération des procédures de recours, pour améliorer le « rendement », tout en admettant le risque plus grand de mettre à mort des innocents. De fait, le 24 janvier 2000, la Cour suprême des États-Unis a annoncé qu'elle refusait désormais d'examiner le recours d'Anthony Bryan. Il a été exécuté par injection létale le 24 janvier 2000, 17e de l'année et 615e depuis la reprise des mises à mort légales en 1977. Contrairement aux idées reçues, la peine de mort, quelle que soit la méthode utilisée, est bien une peine cruelle, en contravention avec le VIIIe amendement. Depuis 1976, le Death Penalty Information Center a fait état d'au moins 25 exécutions dont le déroulement s'est fait au mépris de toute humanité.

Un système ouvertement raciste

La sur-représentation carcérale des Africains-américains dans les prisons est absolument indéniable et reste inexplicable sans admettre qu'il existe une discrimination flagrante à l'égard des citoyens américains de couleur et des minorités sociales. Le rapport mondial 1999 de l'organisation non-gouvernementale Human Right Watch met, entre autres, l'accent sur les inégalités raciales face à la justice aux États-Unis. En 1999, les Africains-américains représentaient 49,4 % de la population carcérale aux États-Unis alors qu'ils ne représentent que 12 % de la population totale. Ainsi, le taux d'incarcération de cette partie de la population américaine est de 3253 pour 100000 personnes, alors qu'il n'est que de 491 dans la population blanche. Selon les mêmes sources, le Department of Justice indique que 8,6 % des Africains-américains âgés de 25 à 29 ans étaient en prison contre 0,9 % des Blancs de même âge en 1999.

En 1994, lors de l'arrêt *Callins vs Callins*, le juge A. Blackmun, ancien président de la Cour suprême des États-Unis, émettait un avis minoritaire qui condamnait sans appel la justice américaine :

« Même avec les lois les plus sophistiquées sur la peine de mort, la race reste un facteur déterminant lorsqu'il s'agit de déterminer qui doit vivre et qui doit mourir. »

En dépit des avancées vers l'égalité de la société américaine, initiées par le mouvement des droits civiques dès les années cinquante, les préjugés raciaux sont de toute évidence encore profondément ancrés dans les mentalités américaines. Plus grave, les institutions fédérales, malgré des actions spectaculaires visant plus à assurer des visées électoralistes qu'à atténuer réellement les disparités, entérinent ce racisme latent. Enfin, la justice se fait tragiquement le relais répressif de cette criante injustice.

L'histoire de la peine de mort aux États-Unis ne fait pas exception, elle est intimement liée à celle du racisme endémique de ce pays. Malgré l'introduction dans les textes juridiques actuels de garanties destinées à éviter toute discrimination dans le cas de condamnations à mort, cette peine continue de frapper de façon indéniablement injuste les minorités ethniques aux États-Unis, plus particulièrement la population africaine-américaine. Amnesty International dénonce « les préjugés nourris par les policiers, les jurés, les juges et les procureurs [...] »[10]. En outre, l'influence de la presse, en particulier locale, est également mise en cause.

Il existe un grand nombre d'arguments tendant à montrer de façon absolument décisive que la « race » est un facteur déterminant dans la justice américaine, surtout lorsque la peine capitale est l'enjeu d'un procès ou d'une affaire judiciaire.

Les chiffres sont accablants. Selon Amnesty International, « les recherches effectuées sur la peine de mort ces vingt dernières années ont systématiquement révélé un ensemble d'anomalies dans le processus de condamnation qui ne peuvent s'expliquer sans faire intervenir le facteur racial »[11]. Sur les 3 549 condamnés à mort recensés dans ce rapport au 1er janvier 1999, un peu plus de la moitié sont des personnes de couleur, soit un taux équivalent à l'ensemble des condamnations pour homicide. Sur les 500 prisonniers exécutés entre 1977 et fin 1998, 81,8 % ont été reconnus coupables du meurtre d'une personne blanche, alors même que blancs et personnes de couleur sont victimes de meurtres dans les mêmes proportions au niveau national.

Le moratoire observé par les États-Unis de 1967 à 1976 avait vu la Cour suprême fédérale invalider, en 1972, lors de l'arrêt *Furman vs Georgie*, toutes les lois relatives à la peine de mort, arguant du fait que celles-ci étaient appliquées de façon partiale et arbitraire, dans un esprit violant la Constitution. Pourtant, en 1976, cette même Cour suprême rendait des conclusions qui approuvaient les nouvelles procédures censées garantir que la peine de mort serait infligée de façon cohérente, rationnelle, limitée. Par l'affaire *Gregg vs Georgie*, la Cour suprême a validé une législation incluant la peine capitale, à la condition que celle-ci soit appliquée avec discernement. Par la suite, les états qui voulaient réintroduire cette peine se sont largement inspirés de cette législation. Cependant, les études qui ont suivi cet arrêt de la Cour suprême n'ont cessé de mettre l'accent sur le nombre disproportionné des condamnations à mort infligées à des membres de minorités ethniques, ainsi que des différences notables selon les États, voire les districts.

En dépit des apparences, la plupart des rapports, dont l'enquête dirigée par David Baldus, mettent l'accent sur des chiffres alarmants. Selon ce rapport, la possibilité d'être condamné à mort est quatre fois plus grande lorsque la victime est blanche que lorsqu'elle est africaine-américaine, onze fois plus grande si l'auteur du crime est noir et la victime blanche, alors que la proportion s'inverse si la victime est noire et le criminel blanc, ce qui montre que dans ce pays la valeur d'un homme dépend de la couleur de sa peau.

En juin 1998, un rapport du Death Penalty Information Center indiquait en conclusion que,

« concernant l'influence de la question raciale dans l'application de la peine de mort, on dispose aujourd'hui d'études, menées avec des degrés divers de précision et de complexité, sur les principaux États qui appliquent la peine de mort. Dans 96 % de ces études, on constate que l'origine ethnique de la victime ou celle de l'accusé, voire les deux à la fois, ont une influence déterminante sur l'issue du procès. »
La discrimination raciale se retrouve à tous les niveaux de l'édifice judiciaire américain. En premier lieu, au niveau des poursuites judiciaires. C'est aux procureurs de district qu'il revient, dans la plupart des cas, de requérir ou non l'application de la peine de mort. Ils sont souvent élus, donc fortement soumis à des pressions électoralistes. De sérieux doutes peuvent donc être soulevés quant à l'équité des représentants de la justice. La « compétence discrétionnaire » de ceux-ci, qui sont surtout comptables devant l'opinion, s'apparente plus au droit d'effectuer un lynchage légal pour apaiser l'opinion publique excédée par l'incapacité de la société à résorber la violence qu'à une véritable justice digne d'un pays démocratique qui mérite son titre.
Ce pouvoir aboutit à des disparités flagrantes qui ne laissent place à aucun doute sur le caractère ouvertement raciste de certaines juridictions, notamment dans les États du sud des États-Unis. En effet, certaines réservent de façon presque exclusive la peine capitale à des hommes de couleur. C'est le cas de Danville en Virginie : les procureurs de cette ville ont

eu à statuer sur 126 inculpations de meurtre depuis 1970, impliquant 93 Africains-américains et 33 Blancs ; 18 d'entre eux, 16 Noirs et 2 Blancs, étaient passibles de la peine de mort, qui n'a été requise que dans la moitié des cas impliquant des Noirs, jamais un Blanc ; enfin, les 7 condamnés à mort de Danville étaient tous noirs.
Le Maryland semble aussi privilégier l'exécution des personnes de couleur, puisqu'au 1er juillet 1998, sur 18 condamnés à mort, 14 étaient noirs, et 4 blancs. La ville de Philadelphie est également championne en matière de condamnations à mort fortement teintées de racisme. En octobre 1998, sur 124 condamnés à mort, 15 seulement étaient blancs.
Le cas de Mumia Abu-Jamal[12] a attiré l'attention sur le racisme et le caractère politique du système de la peine de mort aux États-Unis. Son cas est exemplaire. Ancien membre des Black Panthers, la procédure de sa condamnation est entachée d'une longue liste d'irrégularités. Plus grave, il existe de nombreuses raisons de soupçonner la justice américaine de double partialité dans son cas : non seulement parce qu'il est noir, et qu'il est accusé du meurtre d'un policier blanc, mais aussi et surtout parce qu'il est un ancien membre d'un parti qui luttait pour rendre sa dignité à la population africaine-américaine des États-Unis.
Le racisme n'entache pas que les procédures. Les jurys, sensés rester libres de tous préjugés, semblent déterminés de façon injuste. En effet, les procureurs peuvent procéder à un certain nombre de « récu-

sations non-motivées », autrement dit exclure sans donner de motif les personnes qu'ils ne jugent pas à même de trancher dans leur sens. Cela aboutit à la constitution de jurys majoritairement blancs, dans des proportions ici nettement inférieures à la représentation réelle des personnes de couleur dans le pays.

En 1986, l'arrêt *Batson vs Kentucky*, rendu par la Cour suprême des États-Unis, concluait qu'il était contraire à la Constitution de récuser des jurés sur la base de préjugés raciaux. Cependant, il ajoutait que pour pouvoir se pourvoir en appel au motif de cette jurisprudence, il fallait que l'accusé prouve avoir été victime d'une discrimination délibérée dans la sélection du jury. Cette limitation rend caduque l'arrêt, étant presque impossible d'obtenir ce genre de preuve.

En outre, il existe tout un arsenal de manœuvres destinées à contourner cette jurisprudence. La plupart du temps, les procureurs utilisent un prétexte pour masquer les préjugés raciaux qui président à leur choix. Le juge Alan Greiman recense un certain nombre de motifs retenus pour écarter des jurés noirs : « trop vieux, trop jeune, divorcé, mal coiffé, écrivain indépendant, mauvaises croyances religieuses, travailleur social, locataire, personne ayant perdu le contact avec sa famille, célibataire, manque de maturité, attitude déplacée, tenue négligée, vit seul, vit dans un immeuble, a mal orthographié le lieu où il travaille, chômeur, employé à temps partiel comme coif-

feur, marié à une institutrice, n'a pas ôté son chapeau, vit avec une petite amie, père décédé.[13] »
Une telle disproportion semble clairement montrer que l'égalité devant la justice n'est pas, loin s'en faut, respectée au niveau racial.
Mais cette inégalité raciale devant la loi ne saurait se comprendre sans prendre en compte également les inégalités sociales qui entourent le régime de la peine de mort aux États-Unis. On ne compte quasiment aucune personne de classe sociale aisée parmi les condamnés à mort. Le système judiciaire américain est ainsi fait qu'une personne dotée de moyens financiers importants et de bons avocats peut se défendre et se mettre à l'abri de la peine capitale.
Autre aspect de l'inégalité sociale devant la peine de mort, fort médiatique aux États-Unis : la relation avec la drogue dont la politique américaine est devenue des plus répressives de la planète.
De la même façon que la criminalité liée à la drogue se nourrit de l'exclusion, renforçant les barrières raciales, sociales, économiques, la politique répressive de bas-niveau (c'est-à-dire au niveau des consommateurs et petits trafiquants) menée depuis longtemps aux États-Unis contribue de façon dramatique à accroître l'inégalité devant la justice : les plus touchés sont les pauvres, principalement dans les zones urbaines. En outre, elle amène à incarcérer une population de consommateurs peu préparés à faire face à de telles situations, sans pour autant entamer le trafic des réseaux les plus criminels.

Le cas de Mumia Abu-Jamal

En 1982, Mumia Abu-Jamal, journaliste engagé et ancien membre des Black Panthers, est reconnu coupable du meurtre d'un policier blanc à Philadelphie, le 9 décembre 1981. Le procès, qui débute 6 mois plus tard, est présidé par le juge Albert Sabo, qui détient le sinistre record de condamnations à mort depuis le rétablissement de cette peine aux États-Unis (trente et une condamnations à cette date).

Le jury était composé de dix blancs et deux noirs (alors que la population locale dans la juridiction du meurtre est composée au moins de 40 % d'Africains-américains), après que l'accusation eut usé onze fois de son droit de récusation non motivée pour renvoyer des jurés noirs éventuels. Au cours du procès, l'accusation a pu procéder au contre-interrogatoire de Mumia à propos d'un article publié dans le Philadelphia Inquirer *douze ans plus tôt, alors qu'il était encore membre des Black Panthers. Le procureur a utilisé cet argument pour convaincre le jury que Mumia avait un comportement rebelle envers la loi et l'ordre, cherchant ainsi à obtenir la conviction des jurés qu'il était bel et bien coupable du meurtre d'un policier. L'accusation, en revanche, n'a pas mentionné le fait que Mumia n'avait jamais fait l'objet d'aucune condamnation pénale. Enfin, le procès s'est déroulé dans une ambiance très tendue, entre les autorités blanches et la communauté africaine-américaine.*

Le 3 juillet 1982, en dépit de graves erreurs de procédures, et sans qu'ait été prouvée de façon décisive

la culpabilité de Mumia, ce dernier fut condamné à mort. En mars 1989, la Cour suprême de Pennsylvanie rejette son appel. En 1995, il effectue une nouvelle requête.
Aujourd'hui, Mumia est toujours dans le couloir de la mort en attendant de savoir s'il aura droit à un nouveau procès ou non, presque vingt ans après sa condamnation.

La condamnation à mort de mineurs

L'injustice et la cruauté du régime de la peine de mort ne s'arrête pas aux inégalités sociales et raciales. En réponse à une impression de recrudescence de la délinquance juvénile, la plupart des États n'ont pas cessé d'enfermer un nombre de plus en plus grand d'enfants afin qu'ils soient jugés au même titre que les adultes. Pourtant, le FBI indique que les arrestations de mineurs ont baissé tous les ans de 1994 à 1997, soit 4 % de moins.
Entre 1992 et 1998, pas moins de quarante États ont adopté des législations permettant aux enfants d'être jugés comme des adultes. Au moins vingt-quatre États autorisent, en violation des tous les principes internationaux en matière de droits de l'homme, l'exécution de personnes âgées de moins de 18 ans au moment de leur crime :
Les États dans lesquels des mineurs peuvent être condamnés à mort sont les suivants : Alabama, Arizona, Arkansas, Caroline du Nord, Caroline du Sud, Dakota du Sud, Delaware, Floride, Géorgie, Idaho,

Indiana, Kentucky, Louisiane, Mississipi, Missouri, Montana, Nevada, New Hampshire, Oklahoma, Pennsylvannie, Texas, Utah, Virginie, Wyoming. Pour tous[14], l'âge minimum légal ou fixé par décision de la Cour suprême de l'État pour envoyer un mineur dans les couloirs de la mort est de 16 ans. La Cour suprême américaine avait considéré en 1988, dans l'arrêt *Thomson vs Oklahoma*, que l'exécution de mineurs de 15 ans et moins constituait « une punition cruelle et inhabituelle », violant la Constitution.

En août 1997, 58 prisonniers, répartis dans 15 États, attendaient l'exécution pour des actes commis avant leurs 18 ans. En juin 1998, ils étaient 70 prisonniers[15] à attendre dans les couloirs de la mort l'exécution d'une sentence prononcée pour des crimes commis alors qu'ils étaient mineurs. C'est le Texas qui a renoué avec ce type d'exécution en 1985, reprenant la mise à mort d'enfants criminels interrompue depuis 1964. Cet État reste d'ailleurs un triste leader en la matière. À l'heure actuelle, sur les plus de 3 000 détenus dans les couloirs de la mort, environ 1 sur 50 a été reconnu coupable d'un crime commis avant ses 18 ans.

Le juge Springer, président de la Cour suprême du Nevada, indiquait dans une opinion minoritaire, dans l'arrêt *Domingues vs Nevada*, en juillet 1998, qu'« aux termes de l'interprétation que fait le Nevada du traité[16], les États-Unis rejoindront des pays tels que l'Iran, l'Irak, le Bengladesh, le Nigéria et le Pakistan en considérant que la peine capitale est applicable aux enfants. Je retire mon approbation. » Ce traité international indique, dans son article 6-5, « qu'une sentence de mort ne peut être imposée pour des crimes commis par des personnes âgées de moins de 18 ans ». Entré en vigueur le 23 mars 1976 (peu après que la Cour suprême eut statué dans le cas *Gregg vs Georgie,* rétablissant la peine de mort), les États-Unis ont signé le traité en octobre 1977, s'engageant ainsi à ne porter atteinte ni à son objet ni à son but, en attendant sa ratification. Celle-ci fut longue à venir, en juin 1992. Entre-temps, Charles Rumbaugh, James Terry Roach, Jay Pinkerton, Dalton Prejean et Johnny Garrett furent exécutés pour des crimes perpétrés alors qu'ils n'étaient pas âgés de 18 ans. Dans le même laps de temps, plus de 70 délinquants mineurs ont été condamnés à mort. Les États-Unis cependant n'ont ratifié ce traité qu'en y adjoignant une réserve : « Les États-Unis se réservent le droit, dans les limites imposées par leur Constitution, de prononcer la peine de mort contre toute personne (à l'exception des femmes enceintes) dûment reconnue coupable en vertu des lois existantes ou futures permettant l'imposition de la peine de mort, y compris pour des crimes commis par des personnes âgées de moins de 18 ans. » Ce faisant, les États-Unis ont enlevé toute portée pratique à cette obligation internationale de respect des droits de l'homme. Depuis qu'ils ont ratifié ce traité, ils ont exécuté 11 détenus condamnés pour des délits commis dans leur jeunesse, à la date du 26 janvier 2000 : Curtis Harris, Frederic

Lashley, Christopher Burger, Ruben Cantu, Joseph Cannon, Robert Anthony Carter, Dwayne Allen Wright, Sean Sellers, Douglas Chris Thomas, Steve Edward Roach, Glenn MacGlinnis.
Le rapporteur spécial de l'Onu sur les exécutions extra-judiciaires, sommaires ou arbitraires a une nouvelle fois indiqué, en 1998, que la réserve exprimée par les États-Unis n'est pas valide. En 1997, il considérait que le recours à la peine de mort pour des délinquants juvéniles constituait une violation flagrante du droit international. L'avis majoritaire exprimé par la Cour suprême du Nevada dans l'arrêt *Domingues vs Nevada* repose sur le fait que la Cour préfère se référer à l'opinion et à la pratique à l'intérieur de l'enceinte fédérale, en négligeant la suprématie de principe des législations internationales, comme le stipule l'article 18 de la Convention des Nations Unies sur le droit des traités (Vienne, 1969). En outre, cet arrêt néglige le fait que les autorités fédérales signent et ratifient les traités au nom des États. Par conséquent, elles ne sauraient éluder la responsabilité qui leur incombe de faire respecter les engagements pris au nom des États-Unis.
La Convention sur les droits de l'enfant prohibe bien entendu de telles pratiques, dans l'article 37a selon lequel « ni la peine capitale ni l'emprisonnement à vie sans possibilité de libération ne doivent être prononcés pour les infractions commises par des personnes âgées de moins de 18 ans ». Mais seuls la Somalie et les États-Unis ont refusé de ratifier sans condition cette

convention qui regroupe 192 pays qui ne reconnaissent quant à eux aucune restriction à l'article 37a. Depuis le marginal arrêt *Thompson vs Oklahoma*, en 1988, qui stipule que l'exécution de l'appelant, âgé de 15 ans au moment des faits reprochés, est inconstitutionnel, les États-Unis ont proscrit la peine de mort pour des accusés âgés de 15 ans ou moins. Dans cet arrêt, l'exécution de personnes âgées de 15 ans et moins constituait une « punition cruelle et inhabituelle », en violation de la Constitution. L'arrêt n'implique cependant pas, à cause d'une réserve de la juge O'Connor, que ce type d'exécution est contraire à la Constitution en n'importe quelle circonstance. Ainsi, si depuis 1988, des tribunaux en Alabama, en Louisiane et en Indiana ont considéré que ce type d'exécution viole l'arrêt Thompson, de plus en plus de responsables politiques, incapables de faire face à la montée de la violence dans le pays, plaident pour un abaissement de l'âge auquel la peine de mort peut être infligée. En 1996, le gouverneur du Nouveau Mexique s'est exprimé en faveur de l'établissement de la peine de mort pour des enfants de 13 ans. Le gouverneur de Californie y est favorable à partir de 14 ans, et le *Los Angeles Times* (5 mai 1997) rapporte les paroles d'un procureur de Los Angeles souhaitant étendre l'application de la peine capitale quel que soit l'âge ! En 1998, un membre de la Chambre des représentants du Texas a fait une proposition de loi permettant l'exécution d'enfants âgés de onze ans. Malgré l'arrêt Thompson, des procureurs ne cessent d'essayer d'abaisser encore l'âge des condamnés, comme en Floride, où un procureur général avait manifesté, en 1993, son intention de réclamer la peine de mort contre quatre enfants âgés de 13, 14 et 16 ans. Cette approche de plus en plus répressive, qui ne prend absolument pas en compte ni les circonstances atténuantes dues à l'âge ni le potentiel de réhabilitation d'un jeune criminel, montre chaque jour son inéquité et son inefficacité. Elle ne fait qu'apaiser la soif de sang d'une population manipulée.

On constate en effet que, plus l'âge auquel la peine de mort peut être appliquée est abaissé, plus la criminalité infantile se radicalise.

Dans le monde, depuis 1990, seuls six pays ont appliqué la peine capitale à l'encontre de délinquants juvéniles : Iran, Pakistan, Yemen, Nigéria, Arabie Saoudite et États-Unis. Curieusement, ces derniers se retrouvent dans la même liste que leurs pires ennemis soupçonnés de crimes contre les droits de l'homme et de terrorisme...

Notons enfin que seuls quatorze des trente-huit États américains qui reconnaissent la peine de mort interdisent l'application de cette sentence à des criminels juvéniles : Californie, Colorado, Connecticut, Illinois, Kansas, Maryland, Nebraska, New Jersey, New York, Nouveau Mexique, Ohio, Oregon, Tennessee et Washington.

L'association Human Rights Watch relève également et à fort juste titre que, quel que soit le verdict du procès, un grand nombre d'enfants qui risquent la peine capitale doivent passer de 6 mois à 1 an dans

des établissements pour adultes, et courent ainsi des risques majeurs : violences par les adultes, conditions d'incarcération intolérables (certaines mesures disciplinaires peuvent impliquer des restrictions telles que 90 jours de confinement en cellule, sans possibilité de téléphoner, sans visite, sans droit d'assister aux offices religieux). Le droit à l'éducation n'est bien entendu pas respecté dans ces établissements qui ne disposent pas non plus de structures suffisantes pour fournir les aides psychologiques nécessaires. En outre, les enfants détenus se plaignent de la faim.
La Cour suprême des États-Unis a plusieurs fois recommandé un traitement spécial pour les enfants condamnés à mort, insistant aussi sur la plus grande capacité des enfants à la réinsertion. Elle recommande donc que, en particulier lorsque la peine capitale peut être requise, l'âge de l'accusé puisse être pris en compte au titre de circonstance atténuante. Néanmoins, ces recommandations ne sont que rarement suivies par les juridictions.

Le cas Shareef Cousin

Le soir du 2 mars 1995, Michael Gerardi est tué à bout portant par un homme, alors que son amie, Connie Babin, assiste de loin au drame. Trois semaines plus tard, la police arrête Shareef Cousin, alors âgé de 16 ans, et l'inculpe de meurtre bien qu'il ne cesse de clamer son innocence. Le procès débute en janvier 1996. Comme d'habitude, le procureur révoque systématiquement les jurés potentiels qui pour-

raient être « indulgents » envers un enfant, c'est-à-dire qui pourraient s'opposer à une condamnation à mort. Les réquisitions se sont appuyées intégralement sur le récit de Connie Babin et sur ses affirmations répétées que Shareef est l'auteur du crime. Pourtant, la défense a pu produire un rapport de police établi la nuit du meurtre, dans lequel elle a déclaré ne pas pouvoir identifier le meurtrier ni ses complices.
James Roswell, 16 ans, censé faire une déposition dans laquelle il aurait affirmé que Shareef lui aurait avoué le meurtre, a déclaré pendant l'audience qu'une telle conversation n'avait jamais eu lieu et qu'il n'aurait fait que répéter ce que son avocat et la police lui avait enjoint de dire, afin de bénéficier d'un avis favorable dans une affaire de vol à main armée.
Des témoignages concordent également tendant à prouver que Shareef ne peut techniquement avoir commis le crime : son entraîneur de basket et d'autres personnes ont confirmé qu'il jouait au basket à l'heure du crime. Pourtant, le 26 janvier 1996, au terme d'une parodie de procès expédié en quelques jours, le jury reconnaît Shareef coupable de meurtre et prononce sa condamnation à mort, sans même que son père ait pu témoigner en sa faveur.
Malgré la conviction affichée de Connie Bobin au procès, un correspondant anonyme a envoyé aux avocats de Shareef, quelques temps après le procès, la copie d'une déclaration de Connie Bobin dans laquelle elle admettait ne pas pouvoir identifier avec certitude le coupable, sans lentilles de contact ni lunettes,

comme au moment du meurtre. En dépit du faux témoignage avéré et potentiellement criminel de Connie Bobin, des alibis confirmés par de multiples témoins prouvant que Shareef ne peut avoir tué Michael Gerardi et du jeune âge de Shareef, le juge a rejeté le recours demandant un procès en révision et confirmé la sentence capitale, officialisant ainsi le meurtre sur faux témoignage d'un enfant innocent. Enfermé à la prison d'État d'Angola en Louisiane, Shareef est alors devenu le plus jeune détenu des couloirs de la mort aux États-Unis. Cependant, en appel, la Cour suprême a annulé, en avril 1998, la déclaration de culpabilité et la peine, demandant un nouveau jugement. Le 8 janvier 1999, les charges étaient abandonnées. Pourtant, au début de l'année 2000, Shareef Cousin reste incarcéré sans justification.

Les handicapés mentaux face à la peine capitale

Depuis 1983, plus de 60 personnes ont été exécutées en dépit du fait qu'elles ont été reconnues mentalement attardées ou malades. Ainsi, la justice américaine ne fait-elle que peu de cas des criminels dont la responsabilité lors du délit est plus que douteuse, en dépit des règles internationales en la matière. Dès 1988 en effet, le Comité des Nations Unies pour la prévention et le contrôle de la criminalité recommandait que les « personnes souffrant de retard mental ou de compétences mentales extrêmement limitées » ne puissent plus être soumises à la peine capitale. La même recommandation était exprimée l'année sui-

vante par un autre organisme, le Conseil économique et social des Nations Unies.
La Cour Suprême des États-Unis est parvenue à la conclusion, en 1986, qu'en fonction du VIIIe Amendement, l'exécution de prisonniers aliénés devait être interdite. Mais si la plupart des juridictions possèdent bel et bien les arguments juridiques interdisant ce genre de peines dans ces conditions, les procédures de diagnostic sont très variables.
Un prisonnier aliéné ne saurait pleinement comprendre la nature et le but de sa peine, celle-ci ne pouvant alors remplir ni son rôle prétendument dissuasif ni une hypothétique fonction de réhabilitation de la personne. En outre, il est aisément concevable qu'un détenu dont la santé mentale peut être mise en doute ne saurait être capable d'épuiser tous les recours possibles pour d'éventuels appels, tentatives de révision, etc. Et pourtant la condamnation et l'exécution de criminels souffrant de multiples problèmes mentaux continue aux États-Unis.

Le cas Terry Washington

En 1987, Terry Washington est condamné à mort pour le meurtre d'un étudiant. Si sa culpabilité semble peu douteuse, sont état mental a, quant à lui, suscité des interrogations. Après sa condamnation, des tests ont montré que son quotient intellectuel oscillait entre 58 et 69 points, ce qui indique un âge mental d'environ 6 ans. En appel, un tribunal fédéral a pleinement reconnu que Terry souffrait de lésions cérébrales dues à un syndrome d'alcoolisme fœtal, d'une enfance marquée par une extrême pauvreté, des sévices corporels et des crises d'épilepsie. Ces éléments, qui auraient pu inciter le jury à accorder à Terry des circonstances atténuantes, ont été omis par l'avocat de la défense. Ce dernier, en outre, aurait ignoré une décision de la Cour suprême fédérale qui permet aux avocats de la défense de faire appel à des experts en psychiatrie payés par l'État afin de faire des examens avant l'ouverture du procès.

Les examens médicaux effectués après son procès ont montré que Terry avait été incapable d'assister son avocat. Surtout, ils prouvaient qu'il n'avait pas la pleine conscience de ce qui se passait, c'est-à-dire qu'il était dans un tribunal et risquait la peine capitale. Ainsi, en première instance, bien que de multiples preuves montrèrent l'incapacité totale de Terry Washington à être jugé, ses limitations mentales furent ignorées. Ces arguments ont alors été présentés lors d'un recours en Habeas Corpus *devant une juridiction d'État, le 14 juin 1993. Le lendemain, cette juridiction s'est réunie, pour débouter le surlendemain Terry de sa demande avec une rare célérité. Le même jour, la Cour d'appel pénale du Texas confirmait la culpabilité de Terry ainsi que sa condamnation à mort.*

Terry Washington fut exécuté le 6 mai 1997.

Des ressortissants étrangers condamnés à mort

Les autorités d'États, tout comme la cour fédérale, violent également de manière continue les droits des

prévenus non-américains. En effet, en vertu de la Convention de Vienne (article 36)[17], les accusés qui ne sont pas citoyens américains doivent être informés dès leur arrestation de leurs droits à contacter leur ambassade pour y demander assistance.
Pourtant, en 1999, cinq étrangers ont été exécutés, alors que leur droit à l'assistance de leur pays a été bafoué. Il s'agissait de Jaturun Siripongs (Thaïlandais), Karl et Walter La Grand (Allemands), Alvaro Calambro (Philippin) et Stanley Faulder (Canadien). Les requêtes des gouvernements concernés ont toutes été ignorées, comme les appels de la Cour internationale de justice dans le cas des frères LaGrand, montrant clairement l'incapacité du gouvernement fédéral à faire appliquer la loi. En effet, l'exécution de ressortissants étrangers, surtout lorsque leur pays d'origine ne reconnaît pas la peine de mort, *a fortiori* lorsque la procédure est entachée d'irrégularités ou d'infractions évidentes aux conventions ratifiées par les États-Unis, est un symptôme d'une grave dérive de l'appareil judiciaire.
Le département d'État, par la voix de Madeleine Albright, a, par exemple, tenté d'influencer le gouverneur George Bush du Texas afin d'empêcher l'exécution de Stanley Faulder, mais en vain !
Au 1er janvier 2000, au moins 82 détenus dans les couloirs de la mort étaient étrangers. Leurs nationalités méritent d'être citées : 42 Mexicains, 4 Cubains, 3 Allemands, 3 Jamaïcains, 2 Philippins, 2 Estoniens, 2 Canadiens, 2 Britanniques, 2 Salvadoriens, 2

Honduriens, 1 Yougoslave, 1 Colombien, 1 Campbodgien, 1 Argentin, 1 Laotien, 1 Espagnol, 1 ressortissant de Hong-Kong, 1 Bengladeshi, 1 Pakistanais, 1 Péruvien, 1 Irakien, 1 Iranien, 1 Libanais, 1 Français, 1 Thaïlandais, 1 Polonais, 1 habitant de Trinidad, 1 Vietnamien, probablement 1 ressortissant du Guatémala et un de Costa-Rica. Ils sont évidemment répartis dans les différents États américains[18]. Dans la plupart des cas, les droits relatifs à la convention de Vienne n'ont pas été respectés. Selon les autorités mexicaines, les autorités consulaires n'ont jamais été informées lorsqu'un de leur ressortissants a été arrêté et inculpé de meurtre. Du fait que les autorités américaines enfreignent les lois internationales, elles se gardent de tenir à jour une liste exhaustive des étrangers détenus dans les couloirs de la mort. Le chiffre confirmé de 82 étrangers condamnés à mort est donc certainement une sous-estimation. Selon le *Death Penalty Information Center*, ils seraient au moins 100, soit à peu près 3 % de la population des couloirs de la mort.

Des innocents face à la peine de mort

Pour finir de montrer, si le besoin s'en faisait encore sentir, que le système judiciaire américain est inique et terriblement inefficace, il suffit de voir avec quelle désinvolture et quel cynisme le président de la Commission judiciaire de la Chambre des représentants des États-Unis, affirme que « le nombre de protections que nous avons mises en place est considérable, de loin les meilleures, mais jamais nous n'aurons un système qui n'exécutera aucun innocent ». Amnesty International[19] indique qu'en 1984 une étude reconnue avançait le chiffre d'au moins 23 exécutés innocents au cours de ce siècle. Des recherches postérieures indiqueraient que ce chiffre pourrait s'élever à au moins une centaine, voire bien plus. Le problème n'est pas seulement celui que nie le président cité ci-dessus, qui, blanc et important, ne craint certainement pas pour lui. Il met en cause également le prétexte de la protection des citoyens, pour laquelle la peine de mort est soit disant appliquée. Or il n'a jamais été prouvé que la mise à mort d'un innocent pendant qu'un coupable n'est plus recherché profite à la société, aux victimes ou à la justice. Sans doute ce même président pense-t-il, s'il le peut, que le rachat d'un sang innocent mérite la mort d'un autre innocent. En ce cas, il ne risque effectivement rien. En 1993, un rapport de la sous-commission parlementaire des droits civils et constitutionnels du Congrès indiquait :

« Les Américains ont toutes les raisons d'être préoccupés par l'idée qu'un innocent puisse être exécuté. À l'heure actuelle, le recours à la peine capitale aux États-Unis n'offre *aucune*[20] garantie fiable contre ce risque. Des erreurs ont été commises à maintes reprises – et peuvent l'être encore – dans des affaires passibles de la peine de mort, parce que l'accusé était mal défendu, parce qu'il était victime de préjugés raciaux, parce que l'accusation a commis des

fautes, ou simplement parce que de fausses preuves ont été présentées. Une fois condamné, il devient très difficile, pour un prisonnier du couloir de la mort, de convaincre un tribunal qu'il est innocent. »
Selon le *Death Penalty Information Center*, soixante-quinze hommes et femmes ont été libérés du couloir de la mort après que la preuve de leur innocence eut été faite, au terme de procédures longues de 2 à 22 ans. Mais ce nombre est biaisé par les pratiques judiciaires, qui n'aboutissent pas toujours à un nouveau procès. Dans ce cas, le ministère public, après avoir pris connaissance des preuves innocentant la victime, propose une peine correspondant au temps déjà purgé en échange de la reconnaissance d'une fausse culpabilité par l'accusé. Le prix de leur liberté est alors un véritable déni de justice. En dépit de ces cas dont le nombre n'est pas évaluable, au moins 1 % des condamnés à mort sont indubitablement innocents. Pour six prisonniers mis à mort depuis 1977, un innocent a été probablement condamné à mourir avant d'être finalement acquitté. Combien sont morts avant qu'il ne soit trop tard ?
Un certain nombre de facteurs expliquent, mais en aucun cas ne sauraient justifier, ces chiffres atterrants. Premièrement, la défense fournie aux accusés, qui n'ont le plus souvent pas les moyens de pourvoir seuls aux frais inhérents à leur défense, se révèle de façon quasi systématique inadaptée, inefficace, voire partiale. Deuxièmement, les représentants du ministère public commettent, de façon trop régulière pour

qu'il s'agisse de cas particuliers, des irrégularités afin d'obtenir à tout prix une condamnation à mort : pour contenter leurs électeurs, peu regardants, pourvu que leur soif de sang soit apaisée, pour contenter également leurs généreux donateurs, qui profitent généralement de la manne générée par le système concentrationnaire américain.
Dans le cadre d'une affaire pouvant aboutir à la mort d'un homme, de telles pratiques sont criminelles, et de tels procureurs devraient comparaître devant leurs pairs pour fautes professionnelles aggravées.
Troisièmement, les jurés sont manipulés, sélectionnés, et des enquêtes montrent que la plupart du temps ils ne sont pas exempts de préjugés. Il faut rappeler que près des trois-quarts de la population américaine est toujours favorable à la peine capitale, alors que les préjugés racistes et sociaux existent toujours dans une proportion choquante pour une nation qui aspire à être un exemple.
Le recours à des pratiques staliniennes, comme l'offre de mesures d'indulgence aux suspects ou coaccusés en échange de témoignages servant à l'accusation est une pratique courante aux États-Unis. Très souvent, l'ensemble de l'accusation est bâtie autour d'un seul témoignage fait par un prisonnier affirmant que l'accusé a avoué son crime en détention. Bien que ce genre de pratique soit régulièrement dénoncé, elle continue à être employée et à envoyer des gens à la mort.
La notion de présomption d'innocence disparaît aussitôt que l'accusé est condamné en première instance,

dans des conditions souvent très douteuses, alors que la justice prévoit des procédures de recours, d'appel et de cassation. Il est, aux États-Unis, très difficile, voire impossible, de revenir sur un premier jugement en instance, surtout lorsqu'un condamné n'a pas les moyens de se payer des avocats compétents.

Ainsi, selon les propos d'un avocat, rapportés par Amnesty International, « les cours d'appel n'ont qu'une seule fonction, celle de corriger les graves erreurs de droit commises par le juge d'une juridiction inférieure. Si un jury s'est trompé en ajoutant foi à un témoignage mensonger, ou en tirant des conclusions faciles mais trompeuses, il n'y a aucun recours possible. »

Dans le cadre de la justice américaine, au moins deux des amendements de la Constitution sont donc régulièrement bafoués. Le recours à des témoignages recueillis par la force, la menace ou la corruption constitue une infraction indéniable au Ve Amendement. Le fonctionnement de la justice, tel qu'il est exercé sur l'ensemble du territoire américain, viole de façon systématique et odieuse le VIe Amendement : « Dans toutes les poursuites criminelles, l'accusé aura le droit d'être jugé promptement et publiquement par un jury impartial de l'État et du district où le crime aura été commis – le district ayant été préalablement délimité par la loi, d'être instruit de la nature et de la cause de l'accusation, d'être confronté avec les témoins à charge, d'exiger par des moyens légaux la com-

parution des témoins à décharge, et d'être assisté d'un conseil pour sa défense. »
Doit-on rappeler cette évidence, comme l'exigent les Nations Unies[21] : « la peine capitale ne peut être exécutée que lorsque la culpabilité d'une personne accusée d'un crime et coupable repose sur des preuves claires et convaincantes ne laissant place à aucune autre interprétation des faits ».
Il apparaît clairement que ces conditions ne sont que très rarement réunies aux États-Unis. Ainsi, Moses Harrison II, membre de la Cour Suprême de l'Illinois, peut-il affirmer que : « Le système ne marche pas. Des personnes innocentes sont condamnées à mort. Si ces hommes échappent à l'exécution, ce n'est que grâce à la chance et au dévouement des avocats, journalistes, membres de la famille et volontaires qui ont œuvré pour leur libération. Ils survivent en dépit du système judiciaire, non grâce à lui... On devrait se demander combien n'ont pas eu autant de chance... »[22]

Le cas de Sonia Jacobs

En 1976, Sonia Jacobs et son compagnon, Jesse Tafero, sont inculpés du meurtre de deux policiers sur une autoroute et condamnés à mort, dans l'État de Floride. Au moment des faits, Sonia et Jesse étaient les parents de deux enfants, un garçon de neuf ans et une petite fille de dix mois. Au moment du procès, un troisième co-accusé a plaidé coupable, et a témoigné à charges contre Sonia et Jesse. Il a été condamné à la prison à vie. Jesse fut condamné à mort. Le juge a aggravé la peine requise par le jury, qui avait demandé la prison à vie pour Sonia, en la condamnant également à mort.

Après que les preuves eurent été apportées que l'accusation générale reposait sur les dires contradictoires d'un seul témoin, lui aussi partie prenante de l'affaire, la Cour suprême a accepté un recours en Habeas Corpus *émanant de Sonia. Très rapidement, du fait qu'il n'avait d'autre choix, le procureur a dû admettre la non-culpabilité avérée de Sonia, lui permettant d'être libérée immédiatement. La même démarche aurait pu être appliquée à son mari.*

Mais celui-ci, Jesse, a malheureusement pour lui « bénéficié » d'une accélération de procédure. De fait, il a été exécuté en 1990.

Pourtant, les mêmes doutes existaient quant à sa culpabilité, mais ceux-ci n'ont été admis par la justice qu'après son exécution.

Au moment de sa condamnation, Sonia avait 27 ans. Elle a été reconnue innocente et libérée après avoir pendant dix-sept ans attendu la mort. Son mari, lui aussi innocent, a été tué par l'État de Floride.

Leurs enfants ont été privés de parents. Rien ne leur rendra jamais leur père, et n'enlèvera jamais la douleur d'une enfance traumatisée. Rien non plus ne rendra à Sonia les dix-sept années de sa vie passées dans les couloirs de la mort qui ont été volées par une justice sans scrupule.

gros plan sur le Texas

L'État du Texas, dont l'actuel gouverneur est Georges Bush Jr, aujourd'hui en campagne pour devenir président des États-Unis, est une des juridictions les plus criminelles du monde occidental. La moitié au moins des condamnations à mort prononcées dans le pays depuis 1977 ont eu lieu au Texas. Le système texan repose sur la notion de « moins d'État », qui trouve son fondement chez les théoriciens de la destruction de l'État au nom du laisser-faire économique. Celle-ci suppose pour maintenir la cohésion sociale un équilibrage des pouvoirs et un recours à la notion d'égoïsme rationnel. Dès lors, l'exécution capitale et l'ensemble du système répressif restent une des prérogatives fondamentales de la structure de l'État.

S'y ajoute une grande décentralisation qui implique, au nom de la démocratie directe, que les magistrats, juges, procureurs, policiers, maires, font la loi dans leur district et sont élus par les habitants.

Comme dans les autres États qui appliquent la peine de mort, mais ici avec encore plus de gravité, les procédures appliquées dans les cas passibles d'une sanction capitale sont non seulement contraires aux normes internationales en la matière, mais également au droit américain et aux droits élémentaires de la personne humaine.

En effet, une enquête du *Dallas Times Herald*, citée par Amnesty International[23], menée dans les années quatre-vingt, indique que l'assassin d'une personne blanche risque dix fois plus d'être condamné à mort que celui d'une victime noire. Sur les 144 condamnés exécutés entre 1977 et 1997, 127, soit 88 %, l'ont été pour le meurtre d'une personne blanche, alors que seulement 42 % des victimes d'homicide sont blanches (52 % des victimes appartiennent à des minorités ethniques). Le 1er janvier 1998, sur les 442 personnes qui attendaient dans le couloir de la mort au Texas, on comptait 175 blancs (4 femmes et 171 hommes), 175 noirs (2 femmes et 173 hommes), 89 hispaniques (dont 11 Mexicains) et 3 autres personnes. Autres chiffres : au 1er janvier 2000, sur 462 détenus (dont 9 femmes), 191 étaient africains-américains, 169 blancs, 99 hispaniques.

En dépit de l'article 3 des Garanties pour la protection des personnes passibles de la peine de mort adoptées par le Conseil économique et social de l'Onu en décembre 1984 (résolution 1984/50), qui pose que « [...] les personnes âgées de moins de 18 ans au moment où elles commettent un crime ne seront pas condamnées à mort [...] », cette sentence continue à être infligée à des mineurs aux États-Unis, notamment au Texas. Au 1er janvier 2000, pas moins de 25 détenus du couloir de la mort texan l'étaient suite à une condamnation prononcée avant leurs dix-huit ans.

Les disparités raciales sont là encore flagrantes : sur ces 25 jeunes détenus, 23 (soit 92 %) font partie de minorités ethniques[25].
Comme pour les mineurs, l'Ecosoc recommande, par la résolution 1989/64, adoptée en mai 1989, la suppression de « [...] la peine de mort [...] pour les handicapés mentaux ou les personnes dont les capacités mentales sont extrêmement limitées ».
Pourtant, la Cour suprême fédérale du Texas, en juin 1989, a statué, dans l'affaire *Perry vs Lynaugh*, dans le sens de la constitutionnalité de l'exécution d'un détenu souffrant d'arriération mentale. Ceci malgré un nombre de plus en plus grand de groupes militant en faveur de l'abolition de la peine de mort pour les arriérés mentaux.
Au moins cinq détenus reconnus attardés mentaux ou malades ont été exécutés à ce jour au Texas.
L'exécution de mineurs ou de personnes souffrant de troubles mentaux est symptomatique de la logique qui préside à la décision d'avoir recours à la peine capitale pour punir un crime. Au Texas, la condamnation à mort est déterminée par le jury selon un critère dit de « dangerosité future », selon lequel une personne qui représente, dans le futur, un danger pour la société, doit être éliminé de façon préventive. Selon ce même critère, la notion de circonstances atténuantes est systématiquement rejetée, ce qui met en doute l'équité des jugements prononcés dans ces cas-là.
Cette logique implique de grands risques d'erreurs judiciaires, elle est inhumaine, et contribue à rendre com-

plètement inique un système judiciaire déjà particulièrement criminel. En effet, la Constitution du Texas interdit à l'avocat de la défense, dans les affaires où l'accusé est passible de la peine capitale, d'informer le jury du délai au terme duquel il pourrait bénéficier d'une libération conditionnelle s'il était condamné à la réclusion à perpétuité. De fait, cela incite sans aucun doute les jurés à appliquer avec plus de rigueur les sentences capitales, au titre du critère de dangerosité. Les tribunaux texans, dont les procédés sont qualifiables d'arbitraires sans user d'euphémisme, ont déjà été rappelés à l'ordre et stigmatisés dans un pays qu'il est pourtant impossible de taxer de laxisme. Ainsi, le juge Stevens, membre de la Cour suprême des États-Unis, a-t-il émis de sérieux doutes sur la fiabilité de jugements rendus alors que des tribunaux s'abstiennent de fournir toutes les informations pertinentes aux jurés, ce qui ressemble purement et simplement à de la rétention d'informations déterminantes, voire à de la manipulation. La Cour suprême des États-Unis recommande que le jury soit informé dans les cas où les condamnés à la réclusion à perpétuité ne peuvent jamais prétendre à une libération conditionnelle, favorisant ainsi l'application de cette sentence alternative à celle de la mort. Pourtant, le Texas continue avec obstination à interdire la transmission de ce type d'information, montrant ainsi qu'il existe une volonté politique délibérée de procéder à des exécutions en masse pour des motifs qu'on soupçonne le plus souvent d'être électoralistes.

L'application de la peine de mort au Texas n'est conforme à aucune des règles internationales en la matière.
Georges Bush Jr est directement responsable de plus d'une centaine de mort depuis sa prise de fonction en tant que gouverneur du Texas. Compte tenu du fait qu'en dépit des condamnations à mort de plus en plus nombreuses et de la répression accrue, la criminalité ne baisse guère, on peut sérieusement penser que la motivation de M. Bush Jr est non seulement électoraliste, mais aussi financière, par l'intermédiaire des groupes de pression et des intérêts économiques représentés par l'appareil judiciaro-répressif aux États-Unis, notamment dans les États sudistes.
Alors qu'il fait campagne sur le thème du « conservatisme compatissant », ce dernier mot sonne comme un navrant euphémisme dans la bouche d'un républicain qui a laissé envoyer, sous son mandat de gouverneur, plus de cent personnes à la mort, parmi lesquelles des enfants, des femmes, des malades mentaux, et combien d'innocents...

« À ceux qui ont regretté les dieux,
on a pu dire : Dieu reste.
À ceux qui regrettent les rois,
on peut dire : La patrie reste.
À ceux qui regretteraient le bourreau,
on n'a rien à dire.
Et l'ordre ne disparaîtra pas
avec le bourreau ; ne le croyez point.
La voûte de la société future
ne croulera pas pour n'avoir
point cette clef hideuse. »

Victor Hugo
Le Dernier Jour d'un condamné

Hommage aux condamnés à mort exécutés

À tous les condamnés à mort exécutés par la justice américaine depuis 1977 et aux plus de 3 500 qui attendent leur exécution, l'éditeur dédie ce morceau de littérature française.

Lacenaire vécut au XIXe siècle. Grand criminel, il tuait, dans sa folie, « pour la beauté du geste ». Il fut arrêté, emprisonné, jugé et condamné à mort.
En prison, Lacenaire écrivit ses mémoires. À la fin de son purgatoire, il imagine la dernière journée du condamné... « La répétition », comme il l'écrit...

Ainsi s'achèvent ses mémoires.
Ainsi se termina sa vie.

Les condamnés à mort dans les geôles américaines s'y reconnaîtront...
Le lecteur, quant à lui, comprendra que devant la peine capitale, il faut se décider, choisir son camp.
Point de juste milieu n'est possible devant l'exécution d'un homme.

La liste ci-jointe comprend les condamnés exécutés de 1977 au 15 mai 2000, ainsi que les noms de leurs victimes lorsqu'ils sont disponibles.

Voyons, me suis-je dit, préparons-nous ; une répétition. J'ai lu, dans je ne sais quel livre que les prisonniers du Comité de salut public jouaient à l'échafaud dans leur prison ; figuraient avec des tables, des bancs, le plancher, la charpente, les bras de la charpente, la lucarne, la planchette à bascule, et, tour à tour, simulaient le bourreau et le supplicié : aussi *compromis* qu'ils l'étaient alors, aussi assuré

N°	Exécution	États	Nom	Victimes
1	17/01/77	UT	Gary Gilmore	*Ben Bushnell, Max Jensen*
2	25/05/79	FL	John Spenkelink	*Joseph Szymankiewicz*
3	22/10/79	NV	Jesse Bishop	*David Ballard*
4	09/03/81	IN	Steven Judy	*Terry Chasteen & et ses 3 enfants*
5	10/08/82	VA	Frank Coppola	*Muriel Hatchell*
6	07/12/82	TX	Charlie Brooks	*David Gregory*
7	22/04/83	AL	John Evans	*Edward Nassa*
8	02/09/83	MS	Jimmy Lee Gray	*Deressa Jean Seales*
9	30/11/83	FL	Robert Sullivan	*Donald Schmidt*
10	14/12/83	LA	Robert W. Williams	*Willie Kelly*
11	15/12/83	GA	John Eldon Smith	*Ronald & Juanita Akins*
12	26/01/84	FL	Anthony Antone	*Richard Cloud*
13	29/02/84	LA	John Taylor	*David Vogler*
14	14/03/84	TX	James Autry	*Shirley Drouet, Joe Broussard*
15	16/03/84	NC	James Hutchins	*Deputy Huskey, 2 policiers*
16	31/03/84	TX	Ronald O'Bryan	*Timothy O'Bryan*
17	05/04/84	FL	Arthur Goode	*Jason Verdow*
18	05/04/84	LA	Elmo (Pat) Sonnier	*Loretta Bourque, David LeBlanc*
19	10/05/84	FL	James Adams	*Edgar Brown*
20	20/06/84	FL	Carl Shriner	*Judith Ann Carter*
21	12/07/84	GA	Ivan Stanley	*Clifford Floyd*
22	13/07/84	FL	David Washington	*Daniel Pridgen, Frank Meli, Katrina Birk*
23	07/09/84	FL	Emest Dobbert	*Kelley & Ryder Dobbert (2 de ses enfants)*

de ma mort qu'ils pouvaient l'être de la leur, plus assuré peut-être, je puis bien, sans trop de prétention, *répéter* l'acte de mon supplice. J'aurai même plus de courage à le faire que n'en avaient ces prisonniers ; car, eux, ils étaient plusieurs ; ils s'entr'excitaient, ils s'agitaient, ils s'oubliaient... Moi, je suis seul, et, le corps dans une complète inaction, je vais agir et voir, par la pensée : procédé infiniment plus cruel, puisqu'il me permettra de sentir.

24	10/09/84	LA	Timothy Baldwin	*Mary Jane Peters*
25	20/09/84	FL	James Dupree	*Henry Z. L. Riley*
26	12/10/84	VA	Linwood Briley	*John Gallaher*
27	30/10/84	TX	Thomas Barefoot	*Carl LeVin*
28	30/10/84	LA	Emest Knighton	*Ralph Shell*
29	02/11/84	NC	Velma Bartield	*Stewart Taylor*
30	08/11/84	FL	Timothy Palmes	*James Stone*
31	12/12/84	GA	Alpha Otis	*Stephens Roy Asbell*
32	28/12/84	LA	Robert Lee Willie	*Faith Hathaway*
33	04/01/85	LA	David Martin	*Bobby Todd, Terry Hebart, Anna Tumey, Sandra Brake*
34	09/01/85	GA	Roosevelt Green	*Teresa Carol Allen*
35	11/01/85	SC	Joseph Carl Shaw	*Tommy Taylor, Carlotta Hartness*
36	16/01/85	TX	Doyle Skillern	*Patrick Randel*
37	30/01/85	FL	James Raulerson	*Mike Stewart*
38	20/02/85	GA	Van R. Solomon	*Roger Dennis Tackett*
39	04/03/85	FL	Johnny Paul Witt	*Jonathan Kushner*
40	13/03/85	TX	Stephen Morin	*Carrie Marie Smith, Janna Bruce, Shiela Whalen*
41	20/03/85	GA	John Young	*Coleman & Gladys Brice, Katie Davis*
42	18/04/85	VA	James Briley	*Judy Barton & son fils Harvey*
43	15/05/85	TX	Jesse de la Rosa	*Masaoud Ghazali*
44	29/05/85	FL	Marvin Francois	*6 personnes*
45	25/06/85	TX	Charles Milton	*Menaree Denton*
46	25/06/85	VA	Morris Mason	*Margaret Hand*

Cela dit, j'ai cherché bravement mon point de départ. La délibération a été longue : prendre le moment où l'on vient me chercher pour me transférer à Bicêtre ?... Il y aura bien là une petite sensation ; mais peu de chose, car le grand air, la voiture, les cahots, la certitude d'avoir toute une nuit à soi... décidément, c'est prendre la chose de trop loin.
Sans plus chercher, il est une heure du matin, je suis dans le cabanon de Bicêtre, et c'est pour huit

47	09/07/85	TX	Henry M. Porter	*Henry Mailloux*
48	11/09/85	TX	Charles Rumbaugh	*Michael Fiorello*
49	16/10/85	IN	William Vandiver	*Paul Komyatti*
50	06/12/85	NV	Carroll Cole	*Marie Cushman*
51	10/01/86	SC	James Terry Roach	*Tommy Taylor, Carlotta Hartness*
52	12/03/86	TX	Charles Wm. Bass	*Charles Baker*
53	21/03/86	AL	Arthur Lee Jones	*Willia Hosea Waymon*
54	15/04/86	FL	Daniel Thomas	*Charles Anderson*
55	16/04/86	TX	Jeffrey Bamey	*Ruby Mae Longsworth*
56	22/04/86	FL	David Funchess	*Anna Waldrop, Clayton Ragan*
57	15/05/86	TX	Jay Pinkerton	*Sarah Donn Lawrence*
58	20/05/86	FL	Ronald Straight	*James Stone*
59	09/06/86	TX	Rudy Esquivel	*Timothy Heam*
60	18/06/86	TX	Kenneth Brock	*Michael Sedita*
61	24/06/86	GA	Jerome Bowden	*Kathryn Stryker*
62	31/07/86	VA	Michael Smith	*Audrey Jean Weiler*
63	20/08/86	TX	Randy Woolls	*Betty Stotts*
64	22/08/86	TX	Larry Smith	*Mike Mason*
65	26/08/86	TX	Chester Wicker	*Suzanne Knuth*
66	19/09/86	NC	John Rook	*Anne Marie Roche*
67	04/12/86	TX	Michael Wayne	*Evans Elvira Guerrero*
68	18/12/86	TX	Richard Andrade	*Cordelia Mae Guevara*
69	20/01/87	TX	Ramon Hemandez	*Oscar Frayre*
70	04/03/87	TX	Elisio Moreno	*Russell Lynn Boyd*
71	15/05/87	GA	Joseph Mulligan	*Marion Jones Miller*

heures. Il n'y a rien de tel que de savoir plonger tout de suite au fond d'une question : c'est un avantage que la loi ne donne pas à ceux qu'elle condamne ; elle s'y prend avec une afféterie, des simagrées qui font autant de délais, et chaque délai autant d'agonies. Il faudrait que le meurtrier arrêté à six heures du matin, fût jugé à huit, et qu'au moment où l'*orateur* du Jury dit, la main sur son gilet :

72	20/05/87	MS	Edward Earl Johnson	*J. T. Trest*
73	22/05/87	GA	Richard Tucker	*Edna Sandefur*
74	28/05/87	TX	Anthony Williams	*Vickie Lynn Wright*
75	29/05/87	GA	William Boyd Tucker	*Mrs. Perry*
76	07/06/87	LA	Benjamin Berry	*Robert Cochran*
77	09/06/87	LA	Alvin Moore	*Jo Ann Wilson*
78	12/06/87	LA	Jimmy Glass	*Newt & Erlene Brown*
79	12/06/87	LA	Jimmy Wingo	*Newt & Erlene Brown*
80	24/06/87	TX	Elliott Johnson	*Joseph Granado*
81	06/07/87	VA	Richard Whitley	*Phebe Parsons*
82	08/07/87	TX	John R. Thompson	*Mary Kneupper*
83	08/07/87	MS	Connie Ray Evans	*Arun Phwa*
84	20/07/87	LA	Willie Celestine	*Marceliane Richard*
85	24/07/87	LA	Willie Watson	*Kathy Newman*
86	30/07/87	LA	John Brogdon	*Barbara Jo Brown*
87	24/08/87	LA	Sterling Rault	*Jane Ellen Francioni*
88	28/08/87	FL	Beauford White	*1 personne*
89	28/08/87	AL	Wayne Ritter	*Edward Nassar*
90	28/08/87	VT	Dale Pierre Selby	*Stanley Walker, Carol Naisbitt, Michelle Ansley*
91	01/09/87	GA	Billy Mitchell	*Christopher Cbrr*
92	16/09/87	TX	Joseph Starvaggi	*John Denson*
93	21/09/87	GA	Timothy McCorquodale	*Donna Marie Dixon*
94	07/01/88	TX	Robert Streetman	*Christine Baker*
95	15/03/88	LA	Wayne Felde	*Glen Tompkins*
96	15/03/88	FL	Willie Darden	*James Turman*

— Sur toutes les questions, oui, l'accusé est coupable ; Paf! la tête tombât. Ce serait fort heureux pour l'accusé ; comme l'audience serait plus dramatique, il s'y trouverait plus de dames ; les avocats parleraient devant un plus séduisant auditoire ; le ministère public, stimulé par l'amour-propre, serait bien plus éloquent ; tout le monde y gagnerait.
Enfin il faut savoir prendre l'univers comme il est !
Me voici dans mon cabanon.

97	13/04/88	LA	Leslie Lowenfield	*Shiela Thomas, Shantel & Carol Shantel & Carol Osbome, Owen & Myrtle Griffin*
98	14/04/88	VA	Earl Clanton	*Wilhemina Smith*
99	10/06/88	UT	Arthur Bishop	*Danny Davis, Alonzo Daniels*
100	14/06/88	LA	Edward Byme	*Roberta Johnson*
101	28/07/88	GA	James Messer	*Rhonda Tanner*
102	03/11/88	TX	Donald Gene Franklin	*Mary Margaret Moran*
103	07/11/88	FL	Jeffrey Daugherty	*Lavonne Sailer, Betty Campbell, CarmenAbrams, Elizabeth Shanks*
104	13/12/88	TX	Raymond Landry	*Kosmas Prittis*
105	06/01/89	MO	George « Tiny » Mercer	*Karen Keeton*
106	24/01/89	FL	Theodore Bundy	*Lisa Levy, Margaret Bowman et d'autres*
107	22/03/89	TX	Leon Rutherford King	*Michael Underwood*
108	04/05/89	FL	Aubrey Adams	*Trisa Gail Thomley*
109	18/05/89	GA	Henry Willis	*Ed Giddens*
110	24/05/89	TX	Stephen McCoy	*Cynthia Johnson*
111	26/05/89	AL	Michael Lindsey	*Rosemary Zimlich Rutland*
112	19/06/89	NV	William Thompson	*Randy Waldron*
113	21/06/89	MS	Leo Edwards	*Linzy Don Dixon*
114	23/06/89	NV	Sean Flannagan	*Albert Duggens, James Lewandowski*
115	14/07/89	AL	Horace Dunkins	*Lynn McCurry*

On m'a dit que M. Victor Hugo fait monter une grosse araignée sur le pied nu de son condamné... C'est possible ; mais ne perdons pas notre temps aux enjolivements, et ne plaisantons pas.
... Le cabanon est bien humide... j'ai froid... l'horloge vient de frapper un coup... est-ce l'heure, ou déjà la demie ?... Grave différence, j'en suis à me débattre contre les quarts d'heure !... Quel diable de cri est-ce là ? une voix qui appelle ? un gémissement ?... Je leur

116	18/08/89	AL	Herbert Richardson	*Rena Mae Callins*
117	30/08/89	VA	Alton Wayne	*Lavergne Marshall*
118	20/09/89	TX	James « Skip » Paster	*Robert Howard*
119	17/11/89	AL	Arthur Julius	*Susie Bell Sanders*
120	07/12/89	TX	Carlos Deluna	*Wanda Jean Lopez*
121	18/01/90	MO	Gerald Smith	*Karen Roberts*
122	21/04/90	TX	Jerome Butler	*Nathan Oakley*
123	27/04/90	SC	Ronarld Woomer	*Della Louise Sellers*
124	04/05/90	FL	Jesse Tafero	*Phillip Black, Donald Irwin*
125	11/05/90	MO	Winford Stokes	*Pamela Benda*
126	17/05/90	MO	Leonard Laws	*John Seward*
127	17/05/90	TX	Johnny Ray Anderson	*Ronald Goode*
128	18/05/90	LA	Dalton Prejean	*Donald Cleveland*
129	03/06/90	NV	Thomas	*Frances Maves*
130	18/06/90	AR	John Swindler	*Randy Basnett*
131	25/06/90	AR	Ronald Simmons	*sa femme, 7 enfants & 4 petits-enfants*
132	26/06/90	TX	James Smith	*Larry Rohus*
133	13/07/90	AL	Wallace Thomas	*Quenette Shehane*
134	18/07/90	TX	Mikel Derrick	*Edward Sonnier*
135	19/07/90	VA	Ricky Boggs	*Treeby Shaw*
136	27/07/90	FL	Anthony Bertolotti	*Carol Ward*
137	31/08/90	MO	George Gilmore	*Mary Luella Watters*
138	10/09/90	OK	Charles Coleman	*John Seward*
139	12/09/90	IL	Charles Walker	*Kevin Pauls, Sharon Winker*
140	21/09/90	FL	James Hamblen	*Laureen Jean Edwards*
141	17/10/90	VA	Wilbert Evans	*Wm. Truesdale*

conseille à ceux qui souffrent de se plaindre plus haut que moi!... Mais non, ce cri est étrange... c'est la plainte d'une *âme en peine*... Imbécile que je suis! c'est une chouette qui cause là-bas, dans la campagne. Ce cri me pénètre et me fait courir un froid sur l'épiderme comme faisait un couteau frottant une assiette... au temps où je me servais de couteau et d'assiette! Cette chouette, maudite bavarde, qui vient me faire penser à elle... il me semble qu'elle n'est pas loin

---

142	19/11/90	FL	Raymond Clark	*David Drake*
143	13/12/90	VA	Buddy Earl Justus	*Ida Mae Moses*
144	26/02/91	TX	Lawrence Buxton	*Joel Slotnik*
145	24/04/91	FL	Roy Harich	*Carlene Kelly*
146	23/05/91	TX	Ignacio Cuevas	*Julia Standley*
147	18/06/91	TX	Jerry Joe Bird	*Victor Trammell*
148	25/06/91	FL	Bobby Francis	*Titus Walters*
149	22/07/91	LA	Andrew Lee Jones	*Tumekica Jackson*
150	24/07/91	VA	Albert Clozza	*Patricia BoHon*
151	22/08/91	VA	Derick Peterson	*Howard Kauffman*
152	23/08/91	MO	Maurice Byrd	*Judy Cazaco, James Wood, Edna Ince, Carolyn Turner*
153	06/09/91	SC	Donald Gaskins	*Ruldolph Tyner*
154	01/09/91	TX	James Russell	*Thomas Steams*
155	25/09/91	GA	Warren McCleskey	*Frank Schiatt*
156	18/10/91	NC	Michael McDougall	*Diane Parker*
157	18/10/91	TX	G.W. Green	*John Denson*
158	12/11/91	TX	Joe Angel Cordova	*Masel Williams*
159	22/01/92	WY	Mark Hopkinson	*Vincent, Beverly & John Vehar, Jeffrey Green*
160	24/01/92	AR	Ricky Ray Rector	*Robert Martin*
161	11/02/92	TX	Johnny Garret	*Sr. Tadea Benz*
162	28/02/92	TX	David Clark	*Charles Gears, Beverly Benninghoff*
163	03/03/92	TX	Edward Ellis	*Bertie Eakens*
164	10/03/92	OK	Robyn Parks	*Abdullah Ibrahim*

de mon cabanon... et pourtant, elle est dans la campagne ! elle est libre !... si peu d'espace entre elle et moi, et tant d'insurmontables obstacles... je vois d'ici où elle peut être : sur les décombres d'une vieille carrière abandonnée, à quarante pas du chemin de ronde... En suivant la direction à l'ouest, je me trouve sur la route d'Orléans... je me jette plus à droite ; je traverse en biais Sceaux, Bièvre, je vais, je vais... je me sens fatigué comme si j'eusse fait ce

165	13/03/92	OK	Olan Robison	*Shiela Lovejoy, Robert Swinford*
166	14/03/92	DE	Steven Pennell	*Marlene Simms, Kathleen Meyer*
167	20/03/92	AL	Larry Heath	*Rebecca Heam*
168	06/04/92	AZ	Donald Harding	*Allen Gage, Robert Wise, Martin Concannon*
169	21/04/92	CA	Robert Harris	*John Mayeski, Michael Baker*
170	23/04/92	TX	William W. White	*Martha Spinks*
171	07/05/92	TX	Justin Lee May	*Jeaneha Murdaugh*
172	07/05/92	AR	Steven Hill	*Robert Klein*
173	12/05/92	FL	Nollie Martin	*Patricia Greenfield*
174	20/05/92	TX	Jesus Romero	*Olga Perales*
175	22/05/92	TX	Robert Black	*Sandra Black*
176	22/05/92	VA	Roger Coleman	*Wanda Fay McCoy*
177	21/07/92	FL	Edward Kennedy	*Floyd Cone, Jr., Robert McDermon*
178	23/07/92	VA	Edward Fitzgerald	*Patricia Cubbage*
179	30/07/92	UT	William Andrews	*5 personnes*
180	11/08/92	TX	Curtis Johnson	*Murray Dale Sweat*
181	11/09/92	VA	Willie Jones	*Graham & Myra Adkins*
182	22/09/92	TX	James Demouchette	*Scott Sorell, Robert White, Johnny swm*
183	21/10/92	MO	Ricky Lee Grubbs	*Jerry Thornton*
184	23/10/92	NC	John Gardener	*Richard Adams, Kim Miller*
185	19/11/92	TX	Jeffrey Griffin	*David Sobotik*

trajet... Cette paille neuve fait une criaillerie insupportable...

... Quand je pense que demain à pareille heure... Avril, Avril !... l'animal ! il dort !... que nenni !... il a peur. La peur intelligente veut le bruit ; la peur de la brute veut le silence... Je voudrais bien savoir quelle mine ce coquin-là fera demain matin ! aura-t-il encore ce long rire stupide et féroce qui m'a bien souvent occupé physiologiquement parlant... ceci est

186	20/11/92	AL	Cornelius Singleton Sr.	*Ann Hogan*
187	10/12/92	TX	Kavin Lincecum	*Kathy Coppedge*
188	10/12/92	VA	Timothy Bunch	*SuCha Thomas*
189	05/01/93	WA	Westley Dodd	*Cole & William Neer, Lee Iseli*
190	19/01/93	VA	Charles Stamper	*Ms. Stargell, Agnes Hicks, et 1 autre personne*
191	27/01/93	MO	Martsay Boulder	*Theron King*
192	03/03/93	AZ	John Brewer	*Rita Brier*
193	03/03/93	DE	James Allen Red Dog	*Hugh Pennington*
194	05/03/93	LA	Robert Sawyer	*Frances Arwood*
195	18/03/93	VA	Syvasky Poyner	*Joyce Baldwin, Louise Paulett, Chestine Brooks, Vicki Ripple, Carolyn Hedrick*
196	23/03/93	TX	Carlos Santana	*Oliver Flores*
197	25/03/93	TX	Ramon Montoya	*John Pasco*
198	14/04/93	AZ	James D. Clark	*Charles & Mildred Thumm, Gerald McFerron, George Martin*
199	21/04/93	FL	Robert Henderson Sr.	*Murray Ferderber, Dorothy Wilkerson, Evan, Marie & Clifford Bamett*
200	04/05/93	TX	Darryl Stewart	*Donna Kate Thomas*
201	05/05/93	FL	Larry Joe Johnson	*James Hadden*
202	12/05/93	TX	Leonel Herrerra	*Enrique Carrisaliz, David Rucher*

une tournure de phrase de messieurs les savants !... Honnête homme, assassin, savant, ignorant, au point où j'en suis, le bourreau à part, quelle différence entre eux... je ne dis pas quant à leurs pensées intimes, mais quant à leur avenir ?... L'avenir ! quel mot étrange ! qui en a inventé le sens ? l'avenir ; terme littéraire insignifiant pour ceux qui ont un lendemain, mais pour moi !... Mon Dieu ! quel main m'a donc poussé sur ce mot, sur le seuil dont il est la porte !

203	18/05/93	TX	John Sawyers	*Ethyl Delaney*
204	17/06/93	VA	Andrew Chabrol	*Melissa Harrington*
205	29/06/93	TX	Markham Duff-Smith	*Gertrude Duff-Smith Zabolio*
206	29/06/93	GA	Thomas Dean Stevens	*Roger Honeycutt*
207	01/07/93	TX	Curtis Harris	*Timothy Merka*
208	21/07/93	MO	Walter Blair	*Kathy Jo Allen*
209	28/07/93	MO	Frederick Lashley	*Janie Tracy*
210	30/07/93	TX	Danny Harris	*Timothy Merka*
211	05/08/93	TX	Joseph Jernigan	*Edward Hale*
212	12/08/93	TX	David Holland	*Helen Bamard*
213	20/08/93	TX	Carl Kelly	*Steven Pryor*
214	24/08/93	TX	Ruben Cantu	*Pedro Gomez*
215	24/08/93	CA	David Mason	*Joan Picard, Arthur Jennings, Boyd Johnson, Antionette Brown, Dorothy Lang*
216	25/08/93	FL	Michael Durocher	*son fils Joshua, Grace Reed, Candice Reed*
217	31/08/93	TX	Richard Wilkerson	*Anil Varughese*
218	31/08/93	DE	Kenneth DeShields	*Elizabeth Reed*
219	03/09/93	TX	Johnny James	*Barbara Mayfield*
220	14/09/93	VA	Joe Louis Wise	*Sr. William Rickerson*
221	28/09/93	TX	Antonio Bonham	*Marie McGowan*
222	06/10/93	MO	Frank Guinan	*John McBroom*
223	10/11/93	TX	Anthony Cook	*David VanTassel, Jr.*
224	02/12/93	GA	Christopher Burger	*Roger Honeycutt*
225	14/12/93	TX	Clifford Phillips	*Iris Sffl*

Dieu !... me voici à genoux... mes yeux sont fermés... je descends en moi... Quel tas de sales idées, de sales choses ! quel cloaque !... Comment verrais-je Dieu, au milieu de tout cela ?... J'ouvre mes yeux... l'obscurité est profonde ; si tout à coup une grande clarté venait à étinceler... ce serait Dieu ! Dieu qui me visiterait !... Quel bruit de cloches, de cris, de chants, quel bourdonnement !... Ce tapage n'a lieu que dans ma tête... Pauvre tête !...

226	16/12/93	VA	David Pruett	*Wilma Harvey*
227	06/01/94	ID	Keith Wells	*John Justad, Brandis Rains*
228	02/02/94	TX	Harold Bamard	*Tuan Nguyen*
229	03/03/94	VA	Johnny Watkins	*Betty Barker, Carl Buchanan*
230	31/03/94	TX	Freddie Webb, Sr.	*Leopoldo Cantu*
231	31/03/94	GA	William Hance	*Gail Faison, Irene Thirkield*
232	04/04/94	TX	Richard Beavers	*Douglas Odle*
233	22/04/94	FL	Roy Lee Stewart	*Margaret Haizlip*
234	26/04/94	TX	Larry Anderson	*Zelda Webster*
235	27/04/94	VA	Timothy Spencer	*Debbie Dudley Davis*
236	03/05/94	TX	Paul Rougeau	*Albert Wilkins*
237	10/05/94	IL	John Wayne Gacy	*Greg Godzik, John Szyc, Rob Priest, John Butkovitch, Tom Boling, David Talsma, Robert Winch, Russell Nelso, John Mowery, Robert Gilroy, Matthe Bowman, John Prestige, Rick Johnson, William Carroll, Samuel Stapleton, Randall Reffelt, Darrell Sampson, Billy Kindrerd, Franck Landingin, James Mazzara, plus 13 hommes*
238	11/05/94	AR	Charles Pickens	*Wesley Noble*
239	11/05/94	AR	Jonas Whitmore	*Essie Mae Black*
240	16/05/94	MD	John Thanos	*Billy Winebrenner, Gregory Allen Taylor, Melody Pistoris*

demain elle sera sourde à tous ces bruits... Ah ! que j'ai froid !
Voilà comment ils me prouvent que la civilisation a aboli la torture !... Plus de tenailles, de chevalets, d'eau chaude... c'est vrai... Louis XVI, modeste en sa personne, supprima ce luxe ; mais il dut juger, la veille du 21 janvier, qu'il n'avait point aboli la plus cruelle des tortures... celle qui a ses tenailles dans le for intérieur du condamné à mort... Rêvé-je ? l'hor-

---

241	27/05/94	TX	Stephen Nethery	*John McCarthy*
242	27/05/94	WA	Charles Campbell	*Renae Wicklund, Shannah Wicklund, Barbara Hendrickson*
243	14/06/94	TX	Denton Crank	*Terry Oringderff*
244	15/06/94	NC	David Lawson	*Wayne Shinn*
245	23/06/94	DE	Andre Deputy	*Byard & Alberta Smith*
246	02/08/94	TX	Robert Drew, Sr.	*Jeffrey Mayes*
247	03/08/94	AR	Hoyt Clines	*Don Lehman*
248	03/08/94	AR	Darryl Richley	*Don Lehman*
249	03/08/94	AR	James Holmes	*Don Lehman*
250	02/09/94	NE	Harold Lamont Otey	*Jane McManus*
251	16/09/94	TX	Jesse Gutierrez	*Dorothy McNew*
252	20/09/94	TX	George Lott	*Christopher Marshall, John Edwards*
253	05/10/94	TX	Walter Williams	*Daniel Liepold*
254	22/11/94	TX	Warren Bridge	*Walbr Rose*
255	06/12/94	TX	Herman Clark	*Joseph McClain*
256	07/12/94	IN	Greg Resnover	*Jack Ohrberg*
257	12/12/94	TX	Raymond Kinnemon	*Ronald Longmire*
258	04/01/95	TX	Jesse Jacobs	*Etta Ann Urdiales*
259	17/01/95	TX	Mario Marquez	*Rebecca Marquez, Rachel Gutierrez*
260	24/01/95	VA	Dana Ray Edmonds	*John Elliott*
261	24/01/95	NC	Kermit Smith, Jr.	*Wheletta Collins*
262	31/01/95	TX	Clifton Russell	*Hubert Tobey*
263	31/01/95	TX	Willie Ray Williams	*Claude Schaffer, Jr.*

loge a sonné cinq coups... cinq heures du matin !... Miséricorde !... dans quatre heures, moi qui me sens, qui me parle... je ne serai plus de ce monde... plus de voix, plus d'yeux, plus d'oreilles !... où serai-je ?... ... Si j'osais, je crierais, j'appellerais, je demanderais à vivre... je ferais des révélations... je me ferais reconduire à Paris... à la Conciergerie : je vivais là ! je voyais du monde ; on craignait de me chagriner, on s'intéressait à moi... quel bonheur de m'y revoir. Ce

264	07/02/95	TX	Jeffrey Motley	*Maria Adelia Duran*
265	16/02/95	TX	Billy Gardener	*Thelma Row*
266	21/02/95	TX	Samuel Hawkins	*Abbe Hamilton*
267	17/03/95	DE	Nelson Shelton	*Wilson Mannon, Jr.*
268	20/03/95	OK	Thomas Grasso	*Hilda Johnson*
269	22/03/95	IL	Hemando Williams	*Linda Goldstone*
270	22/03/95	IL	James Free	*Bonnie Serpico*
271	06/04/95	TX	Noble Mays	*Jerry Lamb*
272	07/04/97	GA	Nicholas Ingram	*J. C. Sawyer*
273	19/04/95	AR	Richard Snell	*William Stumpp*
274	28/04/95	AL	Willie Clisby	*Fletcher Handley*
275	02/05/95	PA	Keith Zettlemoyer	*Charles DeVetsco*
276	03/05/95	MO	Emmett Foster	*Travis Walker*
277	10/05/95	MT	Duncan McKenzie	*Lana Harding*
278	12/05/95	AL	Vamell Weeks	*Mark Batts*
279	16/05/95	LA	Thomas Lee Ward	*Wilbert Spencer*
280	17/05/95	IL	Girvies Davis	*Charles Biebel*
281	17/05/95	GA	Darrell Devier	*Mary Frances Stoner*
282	26/05/95	VA	Willie Lloyd Tumer	*W. Jack Smith, Jr.*
283	01/06/95	TX	Fletcher Mann	*Christopher Bates*
284	08/06/95	TX	Ronald Allridge	*Carla McMillan*
285	20/06/95	TX	John Fearance, Jr.	*Larry Faircloth*
286	21/06/95	TX	Karl Hammond	*Donna Lynn Vetter*
287	21/06/95	MO	Larry Griffin	*Quinton Moss*
288	01/07/95	OK	Roger Stafford	*Melvin, Linda Lorenzo & soin fils Richard*

serait renaître ! Si je savais qu'en appelant... *Père Martin ! père Martin !* lâche que je suis... j'ai peur... Rien, père Martin, rien ; je voulais m'assurer si vous aviez passé toute la nuit dans cette galerie... c'est fâcheux pour vous, il fait bien froid !...
Un mot de plus, et demain tout Paris aurait su que Lacenaire avait demandé sa grâce... Baste ! je me poignarde cent fois, je me fais plus de mal que ne m'en fera le bourreau !

289	18/07/95	FL	Bemard Bolender	*Rudolfi Ayan, Sr., Nico Hemandez, John Merino, Scott Bennett*
290	26/07/95	MO	Anthony Murray	*Jeffrey Jackson, Craig Stewart*
291	11/08/95	OK	Robert Brecheen	*Marie Stubbs*
292	15/08/95	TX	Vemon Sattiewhite	*Sandra Sorrell*
293	15/08/95	PA	Leon Moser	*Linda, sa femme et ses deux fille, Donna & Joanne*
294	18/08/95	SC	Sylvester Adams	*Bryan Chambers*
295	31/08/95	AR	Barry Lee Fairchild	*Marjorie Mason*
296	13/09/95	AZ	Jimmie Jeffers	*Penelope Cheney*
297	19/09/95	TX	Carl Johnson, J.-R.	*Ed Thompson*
298	20/09/95	IL	Charles Albanese	*Michael Albanese, Marion Mueller, Mary Lambert*
299	22/09/95	NC	Phillip Ingle	*William & Mary Davis, E. Z. & Sarah Willis*
300	27/09/95	VA	Dennis Stockton	*Kenneth Amder, Ronnie Lee Tate*
301	04/10/95	TX	Harold Lane	*Tammy Davis*
302	19/10/95	VA	Mickey Davidson	*Doris Davidson, Mamie & Tammy Clatterbuck*
303	13/11/95	VA	Hemmes Bames	*Clyde Jenkins, Mohammed Afifi*
304	15/11/95	MO	Robert Sidebottom	*May Sidebottom*
305	22/11/95	IL	George del Vecchio	*Tony Canzoneri*
306	29/11/95	MO	Anthony Larette	*Mary Fleming*
307	04/12/95	FL	Phillip Atkins	*AntonioCastillo*

Comment, déjà !... est-ce que je me serais trompé d'heure ? ai-je dormi, par hasard ?... Toutes ces figures me semblent affreuses à la lueur de ces sales lanternes... Voyons, pas d'enfantillage, marchons droit, et sans fléchir... Ah ! ce monsieur ? c'est lui !... quelle épouvantable affinité s'établit entre cet être-là et moi !... je me suis souvent fait cette question qui me paraissait oiseuse : « À qui ai-je adressé ma première parole, en naissant ; à qui adresserai-

308	05/12/95	FL	Jerry White	*James Melson*
309	06/12/95	MO	Robert O'Neal	*Arthur Dale*
310	06/12/95	TX	Bemard Amos	*James Joe*
311	07/12/95	TX	Hai Hai Vuong	*Hien Quang Trau, Tien Van Nguye*
312	11/12/95	TX	Esequel Banda	*Merle Laird*
313	13/12/95	TX	James Griddle	*Robert Banks*
314	04/01/96	VA	Walter Correll	*Charles Bousman, Jr.*
315	23/01/96	VA	Richard Townes	*Virginia Goebel*
316	25/01/96	DE	Billy Bailey	*Gilbert & Clara Lamberton*
317	27/01/96	UT	John Albert Taylor	*Charia Nicole King*
318	30/01/96	DE	William Flamer	*Byard & Alberta Smith*
319	09/02/96	TX	Leo Jenkins	*Mark Kelley & Kara Kelley Voss*
320	16/02/96	AL	Edward Horsley, J.-R.	*Naomi Rolon*
321	21/02/96	MO	Jeffrey Sloan	*Ses parents et frère Tim & Jason*
322	23/02/96	CA	William Bonin	*Glenn Barker, Dennis Fox, Ronald Gatlin, Marcus Grabs, Donald Hyden, Darin McKendricks, James McCabe, Charles Miranda, David Murillo, Russell Rugh, Lawrence Sharp, Harry Tumer, Stephen Wells, Steven Wood*

je mon dernier mot, en mourant ? » Cette dernière partie de la question est répondue par la présence de cet homme ; c'est lui qui surprendra mon dernier sentiment... Je veux le regarder bien en face, afin de me familiariser avec lui, et que sa main, lorsqu'il me touchera, ne me fasse bondir comme sous le fer rouge, ou sous la griffe du tigre... Où donc est Avril ?... ah ! le voici. Butor ! il a le jarret souple comme l'aurait un chat ; mais je ne m'y trompe pas,

---

323	27/02/96	TX	Kenneth Granviel	*Natasha, Steven, Martha, Laura & Linda McClendon, Vera Hili, Betty Williams*
324	01/03/96	LA	Antonio James	*Henry Silver*
325	30/03/96	NV	Richard A. Moran	*Sandra Devere, Russell Rhodes, Linda VanderVoort*
326	10/04/96	MO	Doyle Williams	*Dr. A. H. Domann*
327	19/04/96	DE	James Clark, Jr.	*Elizabeth & James Clark, Sr.*
328	26/04/96	OK	Benjamin Brewer	*Karen Joyce Stapleton*
329	31/05/96	CA	Keith Williams	*Lourdes Meza, Miguel & Salvador Vargas*
330	31/05/96	SC	Robert South	*Daniel Cogbum*
331	19/06/96	AZ	Darren Bolton	*Zosha Lee Pickett*
332	17/07/96	VA	Joseph Savino	*Thomas McWalters*
333	17/07/96	NE	John Joubert	*Danny Eberle & Christopher Walden*
334	18/07/96	IN	Tommie Smith	*Jack Ohrberg*
335	19/07/96	SC	Fred Kornahrens	*Patti Jo & Jason Avent, Harry Wilkerson*
336	31/07/96	MO	Emmett Nave	*Geneva Roling*
337	07/08/96	MO	Thomas Battle	*Birdie Johnson*
338	08/08/96	AR	Frank Parker	*James & Sandra Warren*
339	09/08/96	OK	Steven Hatch	*Richard & Marilyn Douglass*
340	21/08/96	MO	Richard Oxford	*Harold & Melba Wampler*
341	22/08/96	AZ	Luis Mata	*Debra Lee Lopez*
342	06/09/96	SC	Michael Torrence	*Dennis Lollis, Charles Bush, Cynthia Williams*

la peur le fouaille !... qu'il est laid ! et ce fut là mon associé !... horrible liquidation !
Eh bien ! cette toilette est plus expressive que je ne me l'étais imaginée. Celle du moulage m'a fait souffrir ; celle-ci m'a fait vieillir ; je sens que mon nez est amaigri : si la sensation eût duré deux heures, mes cheveux seraient devenus blancs et on m'aurait emporté mort. Ces lacets aux jambes, aux bras ; cette chemise déchirée, ce cou mis à nu, afin d'offrir des facilités au cou-

343	06/09/96	OR	Douglas Wright	*William Marks, 2 sans-abris*
344	18/09/96	IL	Raymond Stewart	*Willie Fredd, Albert Pearson, Kevin Kaiser, Kenny Faust, Richard Boeck, Donald Rains*
345	18/09/96	TX	Joe Gonzales	
346	04/10/96	SC	Larry Gene Bell	*Sherri Fay Smith & Debra Helmick*
347	21/10/96	FL	John Earl Bush	*Frances Julia Slater*
348	14/11/96	GA	Larry Lonchar	*Charles Sweat & Steven Smith*
349	15/11/96	SC	Doyle Cecil Lucas	*Bill & Evelyn Reyfield*
350	15/11/96	GA	Ellis Wayne Felker	*Evelyn Joy Ludlam*
351	21/11/96	VA	Ronald Bennett	*Anne Keller Vaden*
352	22/11/96	SC	Frank Middleton	*Shirley Mae Mack*
353	03/12/96	VA	Gregory Beaver	*Leo Whitt*
354	06/12/96	FL	John Mills, Jr.	*Les Lawhon*
355	10/12/96	VA	Larry Stout	*Jacqueline Kooshian*
356	11/12/96	MO	Richard Zeitvogel	*Gary Wayne Dew*
357	12/12/96	VA	Lem Tuggle	*Jessie Geneva Havens*
358	16/12/96	VA	Ronald Hoke	*Virginia Stell*
359	08/01/97	AR	Paul Ruiz	*Marvin Richie & Opal James*
360	08/01/97	AR	Earl Von Denton	*Marvin Richie & Opal James*
361	08/01/97	AR	Kirt Wainwright	*Barbara Smith*
362	10/01/97	AL	Billy Wayne Waldrop	*Thurman Donahoo*
363	23/01/97	AZ	Randy Greenawalt	*John, Donnelda & Christopher Lyons Theresa Tyson*

teau!... Ah! ils disent que la torture est abolie!... Est-ce fait?... oui... on lève l'écrou!... Lacenaire est libre!... il sort de prison!... et me voici dans la voiture : je me sens les extrémités froides. J'ai un carillon dans la tête... Oh! mon Dieu! quel tapage!... Ce sont les roues... Où vais-je? juste ciel, où vais-je? mais cela n'est pas possible, je ne vais pas si vite pour être tué!... Un cahot qui brise l'équipage et une pierre qui m'ouvre le crâne.

364	29/01/97	MO	Eric Schneider	*Richard Schwendeman & Ronald Thompson*
365	06/02/97	VA	Michael Carl George	*Alexander Sztanko*
366	10/02/97	TX	Richard Brimage, J.-R.	*Mary Beth Kunkel*
367	26/02/97	VA	Coleman Wayne Gray	*Richard McClelland*
368	12/03/97	TX	John Barfield	*Cindy Rounseville*
369	25/03/97	FL	Pedro Medina	*Dorothy James*
370	02/04/97	TX	David Herman	*Jennifer Bums*
371	03/04/97	TX	David Spence	*Jill Montgomery, Kenneth Franks, Raylene Rice*
372	14/04/97	TX	Billy Joe Woods	*Mabel Ehatt*
373	21/04/97	TX	Benjamin Boyle	*Gail Lenore Smith*
374	24/04/97	LA	John A. Brown, J.-R.	*Omer Laughlin*
375	26/04/97	TX	Kenneth Gentry	*Jimmy Dean Ham*
376	26/04/97	TX	Ernest Baldree	*Homer & Nancy Howard*
377	02/05/97	AL	Walter Hill	*Willie Mae Hammock, John & Lois Tatum*
378	07/05/97	TX	Terry Washington	*Beatrice Huling*
379	07/05/97	OK	Scott Carpenter	*A. J. Kelley*
380	13/05/97	TX	Anthony Westley	*Frank Hall*
381	15/05/97	OR	Harry Moore	*Thomas Lauri & Barbara Cunningham*
382	16/05/97	TX	Clifton Belyeu	*Melodie Bolton*
383	19/05/97	TX	Richard Drinkard	*Ladean Hendrix, Lou Ann Anthony, Jeryy Mullins*
384	20/05/97	TX	Clarence Lackey	*Toni Dianne Kumpf*
385	21/05/97	TX	Bruce Callins	*Allen Huckleberry*

Voyons, voyons, mes idées tourbillonnent; je n'en peux retenir aucune, et j'arriverai avant que de savoir de quoi il est question : puis des étonnements, des cris de surprise et d'horreur... Fi donc ! du calme... une idée, une seule qui serve de canne à mes jambes dont les os me semblent ramollis; de flambeau à mon intelligence où il fait un noir affreux... Ah ! je tiens mon idée !... oui, et j'en suis content... Eh ! Dieu ! qu'avais-je donc pensé ?... Je me retrouve ! c'est

386	22/05/97	TX	Larry White	*Elizabeth St. John*
387	28/05/97	TX	Robert Madden	*Herbert & Don Megason*
388	02/06/97	TX	Patrick Rogers	*David Roberts*
389	03/06/97	TX	Kenneth Harris	*Lisa Stonestreet*
390	04/06/97	TX	Davis Losada	*Olga Lidia Perales*
391	04/06/97	TX	Dorsie Lee Johnson	*Jack Huddleston*
392	06/06/97	AL	Henry Hays	*Michael Donald*
393	11/06/97	TX	Earl Behringer	*Daniel Meyer & Janet Hancock*
394	12/06/97	SC	Michael Elkins	*Patrica Whitt*
395	16/06/97	TX	David Stoker	*David Manrique*
396	17/06/97	TX	Eddie Johnson	*David Magee, Virginia Cadena, Elizabeth Galvan*
397	18/06/97	TX	Ireneo Montota	*John Kilheffer*
398	25/06/97	AZ	William Worakeck	*Linda Leslie*
399	01/07/97	KY	Harold McQueen	*Rebecca O'Hearne*
400	02/07/97	MD	Flint Gregory Hunt	*Vincent Adolfo*
401	17/07/97	VA	Roy Bruce Smith	*John Conner Lil*
402	23/07/97	VA	Joseph O'Dell	*Helen Schartner*
403	29/07/97	TX	Bobby West	*Deanna Klaus*
404	06/08/97	AR	Eugene Wallace	*Perry Kenneth Staton & Suzanne Staton-Ware*
405	06/08/97	MO	Ralph Feltrop	*Barbara Ann Roam*
406	13/08/97	MO	Donald Reese	*James Watson, Christopher Griffith, John Burford, Don Vanderlinden*
407	19/08/97	VA	Carlton Jerome Pope	*Cynthia Gray*
408	20/08/97	MO	Andrew Six	*Kathy Allen*

cela ! Je vais voir, en descendant de voiture, un échafaud, une foule, un panier, quatre hommes qui me saisiront ; l'un des quatre sera le bourreau. Le moyen de conserver son énergie à l'instant de cette horrible mise en scène ? Mais cet homme a tranché la tête de Louis XVI, de Marie-Antoinette, de la Gironde entière... il a tué Vergniaud, il a tué Charlotte Corday, madame Roland... Effaçons, par l'exécration et le repentir, le souvenir de mon ignoble existence

409	09/09/97	TX	James Carl Lee Davis	*Yvette, Tony & Tyran Johnson*
410	17/09/97	VA	Mario Murphy	*James Radcliff*
411	23/09/97	TX	Jessel Tumer	*Charles Hunter*
412	24/09/97	MO	Sam McDonald	*Robert Jordan*
413	25/09/97	TX	Benjamin Stone	*Patsy Stone & Katha Lynn Van Coney*
414	30/09/97	TX	Johnny Cocrum	*Eva May*
415	01/10/97	TX	Dwight D. Adanandus	*Vemon Hanan*
416	08/10/97	TX	Ricky Green	*Syeven Fefferman*
417	13/10/97	CO	Gary Lee Davis	*Virginia May*
418	24/10/97	MO	Alan Bannister	*Darrell Ruestman*
419	28/10/97	TX	Kenneth Ray Ransom	*Roddy Harris, Amold & Joerene Pequono & Anil Varughese*
420	04/11/97	TX	Aua Lauti	*Tara Lauti*
421	06/11/97	TX	Aaren Lee Fuller	*Loretta Stevens*
422	07/11/97	SC	Earl Matthews	*Lucia Aimar*
423	13/11/97	VA	Dawuud Mu'Min	*Gladys Nopwasky*
424	19/11/97	IL	Walter Stewart	*Thomas Paviopoulos & Dinalo Rodica*
425	19/11/97	IL	Durlyn Edmonds	*Richard Lee Miller*
426	19/11/97	TX	Michael Eugene Sharp	*Brenda Broadway & Christie Elms*
427	20/11/97	IN	Gary Burris	*Kenneth Chambers*
428	21/11/97	TX	Charles Livingston	*Janet Caldwell*
429	02/12/97	NE	Robert E. Williams	*Catherine Brook, Patricia McGarry, Virginia Rowe*

et du sang que j'ai versé... je suis un condamné politique !... qui me démentira ? je ne l'aurai dit à personne : c'est un compromis entre ce qui reste en moi d'idéalité et la peur physique qui me tord les muscles et me presse les entrailles... je rattache le débris de mon existence à une généreuse querelle... je meurs pour un principe... l'exaltation du martyre me gagne, la spiritualité des belles morts me pénètre... que cette idée se maintienne nette et entière de l'escalier à la

430	09/12/97	TX	Michael Lockhart	*Paul Holsey, Jr.*
431	09/12/97	VA	Michael Satcher	*Ann Borchesani*
432	11/12/97	VA	Thomas Beavers	*Marguerite Lowery*
433	21/01/98	IL	Lloyd Wayne Hampton	*Roy Pendleton*
434	21/01/98	AZ	Jose Ceja	*Linda & Randy Leon*
435	29/01/98	IN	Robert A. Smith	*Michael Wedmore*
436	31/01/98	NC	Ricky Lee Sanderson	*Sue Ellen Holliman*
437	03/02/98	TX	Karla Faye Tucker	*Jerry Lynn Dean & Deborah Thomton*
438	09/02/98	TX	Steven Renfro	*Rhena Fultner, Rose Rutledge, George Counts*
439	10/02/98	VA	Tony Mackall	*Mary Elizabeth Dahn*
440	20/02/98	OK	Michael Edward Long	*Sheryl & Andrew Graber*
441	24/02/98	MT	Terry Allen Langford	*Ned & Celene Blackwood*
442	25/02/98	MO	Reginald Powell	*Freddie & Arthur Miller*
443	06/03/98	SC	John Amold	*Betty Gardner*
444	11/03/98	TX	Jerry Lee Hogue	*Jayne Markham*
445	18/03/98	VA	Douglas Buchanon, J.-R.	*Douglas Buchanon, Sr., ses frères Donald & Joel Jerry & sleur belle-mère Geraldine*
446	23/03/98	FL	Gerald Stano	*1 personne*
447	24/03/98	FL	Leo Jones	*Thomas Szafranski*
448	25/03/98	MO	Milton Griffin-El	*Jerome Redden*
449	25/03/98	VA	Ronald Watkins	*William McCauley*
450	30/03/98	FL	Judy Buenoano	*James Goodyear*
451	31/03/98	FL	Daniel Remeta	*Mearle Reeder, Linda Marvin, Larry McFarland, Glenn Moore*

lucarne... je ferai bonne contenance... je mourrai tranquille... la voiture s'arrête... Horreur! où suis-je?... voyons, du courage... qui suis-je pour ce peuple? Lacenaire, l'infâme Lacenaire... ah! le couteau!... ... Comment!... est-ce que cette planche va basculer?... ah! quel bruit sur ma tête, c'est la lucarne qui se ferme... miséricorde!... un ressort crie... oh!... mon Dieu!... Je laisse à juger dans quel état je suis sorti de cette représentation mentale... j'étais froid des pieds aux

---

452	14/04/98	VA	Angel Breard	*Ruth Dickie*
453	22/04/98	MO	Glennon Paul Sweet	*Trooper Russell Harper*
454	22/04/98	AZ	Jose Villafuerte	*Amelia Shoville*
455	22/04/98	TX	Joseph Cannon	*Anne Walsh*
456	24/04/98	TX	Lesley Lee Gosch	*Rebecca Jo Patton*
457	29/04/98	AZ	Arthur Ross	*James Ruble*
458	29/04/98	TX	Frank McFarland	*Terri Lynn Hokanson*
459	08/05/98	AL	Steven Thompson	*Robin Balarzs*
460	18/05/98	TX	Robert Anthony Carter	*Sylvia Reyes*
461	19/05/98	TX	Pedro Muniz	*Janis Carol Bickham*
462	03/06/98	AZ	Douglas Gretzler	*Michael & Patricia Sandsberg*
463	09/06/98	GA	David Cargill	*Cheryl & Danny Williams*
464	11/06/98	TX	Clifford Boggess	*Joe Hazelwood & Moses Frank Collier*
465	15/06/98	TX	Johnny Pyles	*Ray Edward Kovar*
466	18/06/98	VA	Dennis Wayne Eaton	*Judy McDonald, Jerry Hines, Walter Custer, Jr., Ripley Marston, Sr.*
467	26/06/98	TX	Leopold Narvalz, J.-R.	*Shannon, Jennifer, Martha, & Emest Mann*
468	08/07/98	AR	Wilbur Henderson	*Willa Dean O'Neal*
469	14/07/98	SC	John Plath	*Betty Gardner*
470	14/07/98	CA	Thomas Thompson	*Ginger Fleischli*
471	23/07/98	VA	Danny Lee King	*Carolyn Rogers*
472	05/08/98	OK	Stephen E. Wood Rev.	*Robert Bruce Brigden*
473	14/08/98	NC	Zane Hill	*Randy Hill, son père*
474	20/08/98	VA	Lance Chandler	*Billy Dix*

cheveux ; mon cou était engourdi par un douloureux torticoli, et une sueur glacée coulait sur mes joues. Au bruit imaginaire du ressort qui tient la corde du coutelas, je faillis crier ; ma poitrine a jeté un son plaintif ; le soldat, qui bâillait comme un bienheureux, a suspendu le cours de sa satisfaction ; et, la bouche ouverte, m'a regardé avec effarouchement... j'ai ri de bon cœur ; d'autant, que je revenais vivant de la guillotine.

475	26/08/98	TX	Genero Ruiz Camacho	*David Wilbum*
476	31/08/98	VA	Johnile DuBois	*Philip Council*
477	09/09/98	TX	Delbert Teague, J.-R.	*Kevin Allen*
478	23/09/98	TX	David Castillo	*Clarencio Champion*
479	24/09/98	VA	Kenneth Stewart, J.-R.	*Sa femme Cynthia & son fils Jonathan*
480	25/09/98	SC	Sammy Roberts	*Bill Spain, Kenneth Krause, Louis Cakley*
481	01/10/98	TX	Javier Cruz	*Menard Neal, James Ryan*
482	05/10/98	NV	Roderick Abeyta	*Donna Martin*
483	07/10/98	TX	Jonathan Nobles	*Mitzi Johnson-Nalley, Kelly Farquhar*
484	13/10/98	WA	Jeremy Sagastegui	*Kievan & Melissa Sarbacher, Lisa Vera Acevado*
485	14/10/98	VA	Dwayne Allen Wright	*Saba Tekla*
486	21/10/98	VA	Ronald Fitzgerald	*Coy M. White, Hugh Morrison*
487	16/11/98	MD	Tyrone Gilliam	*Christine Doerfler*
488	17/11/98	TX	Kenneth McDuff	*Melissa Ann Northrup*
489	17/11/98	VA	Kenneth Wilson	*Jacqueline M. Stephens*
490	20/11/98	NC	John Noland	*Andy Milton, Troy Milton*
491	03/12/98	VA	Kevin Caldwell	*Anthony Brown*
492	04/12/98	SC	Larry Gilbert	*Ralph Stoudemire*
493	04/12/98	SC	J. D. Gleaton	*Ralph Stoudemire*
494	02/12/98	TX	Daniel Corwin	*Alice Martin, Debra Ewing, Mary Risinger*
495	08/12/98	TX	Jeff Emery	*Lashan Muhlinghaus*
496	10/12/98	OK	Tuan Anh Nguyen	*Amanda & Joseph While*

Décidément à quelques incidents près – et tous fort secondaires – ce sera moins effrayant que je ne le pensais. Toute la difficulté consistera à me maintenir dans une idéalité secourable : que cela soit, et je n'aurai pas menti, en leur assurant que je mourrai bravement.
J'aurai bien le teint pâle, les jambes un peu avinées ; mais qu'est-ce que les jambes, en pareille affaire ? la bête qui est sous l'homme !

497	11/12/98	SC	Louis Truesdale	*Rebecca Ann Eudy*
498	15/12/98	TX	James Ronald Meanes	*Oliver Flores*
499	17/12/98	OK	John Wayne Duvall	*Karla Duvall*
500	18/12/98	SC	Andrew Lavern Smith	*Christy & Corrie Johnson*
501	05/01/99	TX	John Glenn Moody	*Maureen Louise Maulden*
502	07/01/99	OK	John Walter Castro Sr.	*Beulah Grace Sissons Cox* *Rhonda Pappan*
503	08/01/99	SC	Ronnie Howard	*Chinh Thi Nguyen Le*
504	08/01/99	LA	Dobie Gillis Williams	*Sonja Knippers*
505	13/01/99	MO	Kelvin Malone	*William Parr*
506	13/01/99	AZ	Jess James Gillies	*Suzanne Rossetti*
507	13/01/99	TX	Troy Farris	*Clark Rosenbalm Jr.*
508	20/01/99	VA	Mark Arlo Sheppard	*Richard & Rebecca Rosenbluth*
509	22/01/99	SC	Joseph Atkins	*Karen Patterson* *& Benjamin F. Atkins*
510	26/01/99	TX	Martin Sauceda Vega	*James William Mims*
511	03/02/99	AZ	Darick Gerlaugh	*Scott Schwartz*
512	04/02/99	OK	Sean Sellers	*Paul & Vonda Bellofatto*
513	04/02/99	VA	Tony Leslie Fry	*Leland A. Jacobs*
514	9/02/99	CA	Jaturun Siripongs	*Packovan Wattanaporn* *& Quach Nguyen*
515	10/02/99	TX	George Cordova	*Jose Hernandez*
516	11/02/99	TX	Danny Lee Barber	*Janice Louise Ingram*
517	16/02/99	AR	Johnie Michael Cox	*Marie Sullens, Margaret* *Brown & Billy Brown*
518	16/02/99	TX	Andrew Cantu	*Gene & Helen Summers,* *Billy Mack Summers*

Je me rappelle ce colonel de cavalerie en position avec son régiment, au milieu d'une lave de mitraille. L'empereur passant au galop devant le front de cette troupe, y remarqua de l'émotion et des alignemens rompus.
— Eh bien ! colonel, est-ce qu'on a peur ici ?
— Non, sire, ce sont les chevaux.
S'ils s'avisent d'accuser ma démarche, je leur dirai :
— Ce n'est pas moi qui fléchis ; ce sont mes jambes.
Est-ce qu'il y aurait des pressentiments ?... Est-ce que

519	19/02/99	OH	Wilford L. Berry, J.-R.	*Charles Mitroff*
520	24/02/99	MO	James Edward Rodden	*Terry Trunnel & Joseph Arnold*
521	24/02/99	TX	Norman Evans Green	*Timothy Adams*
522	24/02/99	AZ	Karl LaGrand	*Kenneth Hartsock*
523	03/03/99	AZ	Walter LaGrand	*Kenneth Hartsock*
524	08/03/99	VI	George Quesinberry J.-R.	*Thomas L. Haynes*
525	10/03/99	MO	Roy Michael Roberts	*Tom Jackson*
526	17/03/99	IL	Andrew Kokoraleis	*Lorraine Ann Borowski*
527	25/03/99	TX	Charles Rector	*Carolyn Kay Davis*
528	25/03/99	VA	David Lee Fisher	*David William Wilkey*
529	27/03/99	NC	James David Rich	*Paul Gwyn*
530	30/03/99	TX	Robert Excell White	*Preston Broyles, Gary Coker & Billy St. John*
531	05/04/99	NV	Alvaro Calambro	*Peggy Crawford & Keith Christopher*
532	12/04/99	AR	Marion Pruett	*Bobbie Jean Robertson*
533	13/04/99	VA	Carl H. Chichester	*Timothy Rigney*
534	14/04/99	MO	Roy Ramsey Jr.	*Garnett & Betty Ledford*
535	20/04/99	VA	Arthur Ray Jenkins III	*Floyd Jenkins, son oncle & Lee H. Brinklow*
536	22/04/99	DE	David J. Lawrie	*Michelle sa femme, Fawn & Tabitha Lawrie ses enfants & Charles Humbertson*
537	28/04/99	MO	Ralph Davis	*Susan Davis sa femme*
538	28/04/99	TX	Aaron C. Foust	*David Ward*
539	28/04/99	VA	Eric C. Payne	*Ruth Parham, Sally Fazio*

la seconde vue serait permise?... J'ai passé la nuit entière à regarder la mort; il me semble maintenant qu'elle est dans mon cachot... Ce matin les physionomies n'avaient rien d'extraordinaire; ce soir elles ont une teinte de Bicêtre, un reflet de la guillotine... Mais non; M.*** m'aurait demandé de finir la pièce de vers que je lui adresse... et puis, je ne le veux pas encore... non, j'ai à réfléchir sur certaines questions... cela ne peut pas être pour demain, c'est que l'hallucination

---

540	29/04/99	VA	Ronald Dale Yeatts	*Ruby Meeks Dodson*
541	04/05/99	CA	Manuel Pina Babbitt	*Leah Schendel*
542	04/05/99	TX	Jose De La Cruz	*Domingo Rosas*
543	05/05/99	AZ	Robert W. Vickers	*Wilmar « Buster » Holsinger*
544	05/05/99	TX	Clydell Coleman	*Leetisha Joe*
545	25/05/99	KY	Edward Lee Harper J.-R.	*Alice & Edward Lee Harper Sr.*
546	26/05/99	MO	Jessie Lee Wise	*Geraldine McDonald*
547	01/06/99	TX	William H. Little	*Marilyn Peter*
548	03/06/99	OK	Scotty Lee Moore	*Alex Fernandez*
549	16/06/99	MO	Bruce Kilgore	*Marilyn Wilkins*
550	16/06/99	AZ	Michael Poland	*Cecil Newkirk & Russell Dempsey*
551	17/06/99	TX	Joseph Stanley Faulder	*Inez Phillips*
552	18/06/99	AL	Brian K. Baldwin	*Naomi Rolon*
553	30/06/99	MO	Robert Walls	*Fred Harmon*
554	01/07/99	TX	Charles D. Tuttle	*Cathy Harris*
555	06/07/99	PA	Gary M. Heidnik	*Deborah Dudley & Sandra Lindsay*
556	07/07/99	TX	Tyrone Fuller	*Andrea Lea Duke*
557	08/07/99	OK	Norman Lee Newsted	*Larry Buckley*
558	08/07/99	FL	Allen Lee Davis	*Nancy, Kristina & Katherine Weiler*
559	21/07/99	VA	Tommy David Strickler	*Leann Whitlock*
560	04/08/99	TX	Ricky Blackmon	*Carl Rinkle*
561	05/08/99	TX	Charles Anthony Boyd	*Mary Milligan*

de cette nuit m'a fatigué le cerveau ; je vois trouble. Demain je me propose d'écrire à mon père ; cela me réconciliera avec moi... même... Oh ! mais une lettre écrite avec le sang de ma conscience... Pauvre père, *je lui pardonne* de ne m'avoir point aimé lorsqu'enfant, j'étais encore innocent !... et, pour ce qui a suivi, je lui demanderai de me pardonner à son tour !... Voilà une pensée qui me rafraîchit le sang !... Je dormirai bien cette nuit... Bonsoir, gardien, bonsoir, fac-

562	06/08/99	AL	Victor Kennedy	*Annie Laura Orr*
563	10/08/99	TX	Kenneth Dwayne Dunn	*Madeline Peters*
564	11/08/99	TX	James Otto Earhart	*Kandy Janell Kirtland*
565	17/08/99	VA	M. DeWayne Williams	*Helen Bedsole*
566	18/08/99	TX	Joe Mario Trevino Jr.	*Blanche Miller*
567	01/09/99	MO	David R. Leisure	*James A. Michaels Sr*
568	01/09/99	TX	Raymond James Jones	*Su Van Dang*
569	08/09/99	AR	Mark Gardner	*Joe & Martha Joyce, Sara McCurdy*
570	08/09/99	AR	Alan Willett	*Eric & Roger Willett*
571	10/09/99	TX	Willis Barnes	*Helen Greb*
572	14/09/99	TX	William Prince Davis	*Richard Lang*
573	16/09/99	VA	Everett Lee Mueller	*Charity Powers*
574	21/09/99	TX	Richard Wayne Smith	*Karen Birky*
575	24/09/99	DE	Willie Sullivan	*Maurice Dodd*
576	24/09/99	NC	Harvey Lee Green	*Sheila Bland & Michael Edmundson*
577	12/10/99	TX	Alvin Wayne Crane	*Melvin Drum*
578	14/10/99	TX	Jerry McFadden	*Suzanne Denise Harrison*
579	15/10/99	UT	Joseph Mitchell Parsons	*Richard Ernest*
580	19/10/99	VA	Jason Matthew Joseph	*Jeffrey Anderson*
581	21/10/99	NC	Arthur Martin Boyd Jr	*Wanda Hartman*
582	27/10/99	AZ	Ignacio Alberto Ortiz	*Manuelita McCormack*
583	28/10/99	TX	Domingo Cantu	*Suda Eller Jones*
584	09/11/99	VA	Thomas Lee Royal Jr	*Kenny Wallace*
585	12/11/99	SC	Leroy « Ricky » Drayton	*Rhonda Darlene Smith*
586	16/11/99	TX	Desmond Jennings	*Wonda Matthews, S. Walto*

tionnaire... Je dépose ma plume; mais demain, je veux que la lettre à mon père soit l'acte de purification de ces Mémoires; je l'y transcrirai tout entière!
Il était près de neuf heures du soir lorsque Lacenaire s'est couché. À dix heures, le directeur de la Conciergerie est entré dans son cachot, l'a fait lever, en lui disant :
— Eh bien! Lacenaire, je ne croyais pas que nous nous quitterions si tôt; il faut vous habiller; on va vous transférer à Bicêtre.

587	17/11/99	TX	John Michael Lamb	*Jerry Chafin*
588	18/11/99	TX	Jose Gutierrez	*Dorothy McNew*
589	19/11/99	NC	David Junior Brown	*Shelly & Christina Chalflinch*
590	02/12/99	OK	Cornel Cooks	*Jennie Elva Ridling*
591	03/12/99	SC	David Rocheville	*Todd Green*
592	08/12/99	TX	David Long	*Donna Sue Jester, Dalpha Lorene Jester, & Laura Lee Owens*
593	09/12/99	OK	Bobby Lynn Ross	*Sgt. Steven Mahan*
594	09/12/99	IN	D.H. Fleenor	*Bill & Nyla Harlow*
595	09/12/99	TX	James Beathard	*Marcus Hathorn*
596	09/12/99	VA	Andre Graham	*Sheryl Stack*
597	14/12/99	TX	Robert Atworth	*Thomas Carlson*
598	15/12/99	TX	Sammie Felder Jr.	*James Hanks*
599	06/01/99	OK	Malcolm Rent Johnson	*Ura Alma Thompson*
600	07/01/00	AL	David Ray Duren	*Kathleen Bedsole*
601	10/01/00	VA	Douglas Christopher	*Thomas James Baxter Wiseman & Kathy Wiseman*
602	12/01/00	TX	Earl Carl Heiselbetz Jr	*Rena Rogers, Jacy Rogers*
603	13/01/00	OK	Gary Alan Walker	*Eddie O. Cash*
604	13/01/00	VA	Steve Edward Roach	*Mary Ann Hughes*
605	18/01/00	TX	Spencer Goodman	*Cecile Ham*
606	20/01/00	TX	David Hicks	*Ocolor Hegger*
607	21/01/00	TX	Larry Keith Robison	*Rickey Lee Bryant, Georgia Ann Scott Reed, Earline Barker, & Bruce Gardner*

— Allons, monsieur Lebel, allons ! tant mieux, que cela finisse ; je ne demande qu'une chose, c'est que ce soit pour demain... Voulez-vous me permettre d'écrire trois lignes avant que de sortir d'ici ?
Il s'est approché de la table et a écrit d'une main assurée les lignes qui suivent, les dernières qu'il ait écrites :

8 janvier 1836, à la Conciergerie, 10 heures du soir.
On vient me chercher pour Bicêtre. Demain sans

608	24/01/00	TX	Billy G. Hughes Jr	*Mark A. Frederick*
609	25/01/00	TX	Glen McGinnis	*Leta Ann Wilkerson*
610	27/01/00	TX	James Moreland	*Clinton C. Abbott & John Ro*
611	10/02/00	OK	Micheal D. Roberts	*Lula Mae Brooks*
612	16/02/00	AZ	Anthony Lee Chaney	*Deputy John B. Jamison*
613	23/02/00	FL	Anthony Bryan	*George Wilson*
614	23/02/00	TX	Cornelius Goss	*Carl Leevy*
615	24/02/00	FL	Terry Melvin Sims	*George Pfiel*
616	24/02/00	TX	Betty Lou Beets	*Jimmy Don Beets*
617	01/03/00	TX	Odell Barnes Jr	*Helen Bass*
618	03/03/00	AL	Freddie Lee Wright	*Warren & Lois Green*
619	14/03/00	TX	Ponchai Wilkerson	*Chung Myong Yi*
620	15/03/00	CA	Darrell Keith Rich	*Annette Edwards, Patricia Moore, Linda Slavik, Annette Selix*
621	15/03/00	AZ	Patrick Poland	*Cecil Newkirk, Russell Dempsey*
622	15/03/00	TX	Timothy Lane Gribble	*Elizabeth Jones & Donna Weis*
623	16/03/00	VA	Lonnie Weeks Jr	*Trooper Jose M. Cavazos*
624	22/03/00	MO	James H. Hampton	*Frances Keaton*
625	23/03/00	OK	Kelly Lamont Rogers	*Karen Marie Lauffenburger*
626	14/04/00	AL	Robert Lee Tarver Jr	*Hugh Kite*
627	19/04/00	TN	Robert Glen Coe	*Cary Ann Medlin*
628	27/04/00	OK	Ronald Keith Boyd	*Richard Oldham Riggs*

sources : site www.smu.edu/-deathpen

doute ma tête tombera. Je suis forcé, malgré moi, d'interrompre ces Mémoires que je confie aux soins de mon éditeur. Le procès complète les révélations. — Adieu à tous les êtres qui m'ont aimé et même à ceux qui me maudissent : ils en ont le droit. Et vous qui lirez ces Mémoires, où le sang suinte à chaque page, vous qui ne les lirez que quand le bourreau aura essuyé son triangle de fer que j'aurai rougi, oh gardez-moi quelque place dans votre souvenir... Adieu !

Le texte de Lacenaire est disponible dans ses mémoires publiées en 1998 par José Corti éditeur, collection Domaine romantique.

« ... et il n'a plus senti
à son front cette goutte de sang
qui rejaillit de la Grève
sur la tête de tous les membres
de la communauté sociale. »

Victor Hugo
Le Dernier Jour d'un condamné

Annexes

condamnés à mort libérés avant leur exécution

	NOM	État	Années de condamnation	Années de libération	Durée d'emprisonnement	« Race »
1.	David Keaton	FL	1971	1973	2	N
2.	Samuel A. Poole	NC	1973	1974	1	N
3.	Wilnert Lee	FL	1963	1975	12	N
4.	Freddie Pitts	Fl	1963	1975	12	N
5.	James Creamer	GA	1973	1975	2	B
6.	Thomas Gladish	NM	1974	1976	2	B
7.	Richard Greer	NM	1974	1976	2	B
8.	Ronald Keine	NM	1974	1976	2	B
9.	Clarence Smith	NM	1974	1976	2	B
10.	Delbert Tibbs	FL	1974	1977	3	N
11.	Earl Charles	GA	1975	1978	3	N
12.	Jonathan Treadway	AZ	1975	1978	3	B
13.	Bary Beeman	OH	1976	1979	3	B
14.	Jerry Banks	GA	1975	1980	5	N
15.	Larry Hicks	IN	1978	1980	2	N
16.	Charles Ray Giddens	OK	1978	1981	3	N
17.	Michael Linder	SC	1979	1981	2	B
18.	Jonny Ross	LA	1975	1981	6	N
19.	Annibal Jaramillo	FL	1981	1982	1	L
20.	Lawyer Johnson	MA	1971	1982	11	N
21.	Anthony Brown	FL	1983	1986	3	N
22.	Neil Ferber	PA	1982	1986	4	B
23.	Clifford Henry Bowen	OK	1981	1986	5	B
24.	Joseph Green Brown	FL	1974	1987	13	N
25.	Perry Cobb	IL	1979	1987	8	N
26.	Darby (Williams) Tillis	IL	1979	1987	8	N
27.	Henry Drake	GA	1977	1987	10	B

28.	John Henry Knapp	AZ	1974	1987	13	B
29.	Vernon McManus	TX	1977	1987	10	B
30.	Anthony Ray Peek	FL	1978	1987	9	N
31.	Juan Ramos	FL	1983	1987	4	L
32.	Robert Wallace	GA	1980	1987	7	N
33.	Richard Neal Jones	OK	1983	1987	4	B
34.	Jerry Bigelow	CA	1980	1988	8	B
35.	Willie Brown	FL	1983	1988	5	N
36.	Larry Troy	FL	1983	1988	5	N
37.	William Jent	FL	1980	1988	8	B
38.	Earnest Miller	FL	1980	1988	8	B
39.	Randall Dale Adams	TX	1977	1989	12	B
40.	Jesse Keith Brown	SC	1983	1989	6	B
41.	Robert Cox	FL	1988	1989	1	B
42.	Timothy Hennis	NC	1986	1989	3	B
43.	James Richardson	FL	1968	1989	21	N
44.	Clarence Brandley	TX	1981	1990	9	N
45.	Patrick Croy	CA	1979	1990	11	N
46.	John C. Skelton	TX	1983	1990	7	B
47.	Dale Johnston	OH	1984	1990	6	B
48.	Gary Nelson	GA	1980	1991	11	N
49.	Bradley P. Scott	FL	1988	1991	3	B
50.	Charles Smith	IN	1983	1991	8	N
51.	Jay C. Smith	PA	1986	1992	6	B
52.	Kirk Bloodsworth	MD	1984	1993	9	B
53.	Federico M. Macias	TX	1984	1993	9	L
54.	Walter McMillian	AL	1988	1993	5	N
55.	Gregory R. Wilhoit	OK	1987	1993	6	B
56.	James Robison	AZ	1977	1993	16	B
57.	Muneer Deeb	TX	1985	1993	8	O
58.	Andrew Golden	FL	1991	1994	3	B
59.	Joseph Burrows	IL	1989	1994	5	B
60.	Adolph Munson	OK	1985	1995	10	N
61.	Robert Charles Cruz	AZ	1981	1995	14	L
62.	Rolando Cruz	IL	1985	1995	10	L
63.	Alejandro Hernandez	IL	1985	1995	10	L
64.	Sabrina Butler	MS	1990	1995	5	N
65.	Verneal Jimerson	IL	1985	1996	11	N
66.	Dennis Williams	IL	1979	1996	17	N
67.	Roberto Miranda	NV	1982	1996	14	L
68.	Gary Gauger	IL	1993	1996	3	B
69.	Troy Lee Jones	CA	1982	1996	14	N

70.	Carl Lawson	IL	1990	1996	6	N
71.	Ricardo Aldape Guerra	TX	1982	1997	15	L
72.	Benjamin Harris	WA	1985	1997	12	N
73.	Robert Hayes	FL	1991	1997	6	N
74.	Randall Padgett	AL	1992	1997	5	B
75.	Robert Lee Miller, Jr.	OK	1988	1998	10	N
76.	Curtis Kyles	LA	1984	1998	14	N
77.	Shareef Cousin	LA	1996	1999	3	N
78.	Anthony Porter	IL	1983	1999	16	N
79.	Steven Smith	IL	1985	1999	14	N
80.	Ronald Williamson	OK	1988	1999	11	B
81.	Ronald Jones	IL	1989	1999	10	N
82.	Clarence Dexter, Jr.	MO	1991	1999	8	B
83.	Warren Manning	SC	1989	1999	10	N
84.	Alfred Rivera	NC	1997	1999	2	L
85.	Steve Manning	IL	1993	2000	7	B
86.	Eric Clemmons	MO	1987	2000	13	N
87.	Joseph N. Green, J.-R.	FL	1993	2000	7	N

sources : *Amnesty International, section États-Unis et The Death Penalty Information Center.*

La durée moyenne des procédures ayant pu aboutir à la libération de condamnés à mort est de 7 ans. Quant aux exécutés, la justice américaine n'aime guère reconnaître ses fautes. Ainsi, les nouveaux outils de police judiciaire, comme le relevé des empreintes génétiques, permettent plus aisément de confondre les coupables, et d'innocenter des prévenus qui clament leur innocence sans pouvoir prouver leur bonne foi, ou disposer d'une défense solide. Mais, comble de l'injustice, le magazine *Newsweek* du 29 mai 2000 souligne les réticences de la justice à appliquer ces moyens pour vérifier les dires de condamnés. L'article relève que de nombreuses personnes ont toutefois pu être libérées.

panorama de la peine de mort dans le monde

La commission des droits de l'homme des Nations unies recensait au 1er décembre 1998 le panorama mondial ci-dessous de la peine de mort.

87 pays sont favorables au maintien de la peine de mort :
Afghanistan, Algérie, Antigua-et-Barbuda, Arabie saoudite, Arménie, Bahamas, Bahreïn, Bangladesh, Barbade, Bélarus, Belize, Bénin, Botswana, Burkina Faso, Burundi, Cameroun, Chine, Comores, Cuba, Dominique, Égypte, Émirats arabes unis, Érythrée, États-Unis, Éthiopie, Fédération de Russie, Gabon, Ghana, Guatemela, Guinée équatoriale, Guyana, Inde, Indonésie, Iran, Irak, Libye, Jamaïque, Japon, Jordanie, Kazakhstan, Kenya, Kirghizistan, Koweït, Lesotho, Lettonie, Liban, Libéria, Lituanie, Malaisie, Malawi, Maroc, Mauritanie, Mongolie, Myanmar, Nigéria, Oman, Ouganda, Ouzbékistan, Pakistan, Qatar, Syrie, République démocratique du Congo, Laos, Corée du Sud, Corée du Sud, Tanzanie, Rwanda, Saint-Kitts-et-Nevis, Saint-Vincent-et-les Grenadines, Sainte-Lucie, Sierra Leone, Somalie, Soudan, Swaziland, Tadjikistan, Tchad, Thaïlande, Trinité-et-Tobago, Tunisie, Turkmenistan, Ukraine, Viet Nam, Yemen, Yougoslavie, Zambie, Zimbabwe.

Les pays ayant totalement aboli la peine de mort sont au nombre de 66 :

(entre parenthèses, la date d'abolition définitive)

Afrique du Sud (1995), Allemagne (1949 et 1987 pour l'Allemagne de l'Est), Andorre (1990), Angola (1992), Australie (1985), Autriche (1968), Azerbaïdjan (1998), Belgique (1996 – la dernière exécution datait de 1950), Bolivie, Cambodge (1989), Cap-Vert (1981), Colombie (1910), Costa Rica (1877), Croatie (1990), Danemark (1978 – la dernière exécution datait de 1950 et l'abolition pour les crimes de droit commun de 1930), Équateur (1906), Espagne (1995 – la dernière exécution datait de 1975 et l'abolition pour les crimes de droit commun de 1978), Estonie (1998), Macédoine (1991), Finlande (1972), France (1981 – la dernière exécution remonte à 1977), Géorgie (1997), Grèce (1997), Guinée-Bissau (1993), Haïti (1987), Honduras (1956), Hongrie (1990), Îles Marshall, Îles Salomon, Irlande (1990), Islande (1928), Italie (1994 – la dernière exécution remontait à 1947), Kiribati, Liechtenstein (1987 – la dernière exécution remontant à 1785), Luxembourg (1979 – la dernière exécution eut lieu en 1949), Maurice, Micronésie, Monaco (1962 – la dernière exécution remonte à 1847), Mozambique, Namibie (1990), Népal (1998), Nicaragua (1979), Norvège (1979), Nouvelle-Zélande (1989), Palaos, Panama, Paraguay, Pays-Bas (1983 – la dernière exécution datait de 1952 et l'abolition pour les crimes de droit commun de 1870), Pologne (1997), Portugal (1976 – la dernière exécution datait de 1847 et l'abolition pour les crimes de droit commun de 1867), Moldavie (1995), République dominicaine (1966), République tchèque (1990), Roumanie (1990), Saint-Marin (1865), Saint-Siège (1969), Sao-Tomé-et-Principe (1990), Slovaquie (1990), Slovénie (1991), Suède (1973), Suisse (1992 – la dernière exécution datait de 1945 et l'abolition pour le crimes de droit commun de 1937), Tuvalu, Uruguay (1907), Vanuatu, Venezuela (1863).

16 pays ont aboli la peine de mort uniquement pour les crimes de droit commun :
Argentine (1984), Bolivie (1991), Bosnie-Herzégovine (1997), Brésil (1979), Canada (1976 – la dernière exécution eut lieu en 1962), Chypre (1983), Salvador (1983), Fidji (1979), Îles Cook, Israël (1954 – la dernière exécution eut lieu en 1962, ce fut celle du dirigeant Adolph Eichmann), Malte (1971), Mexique (dernière exécution en 1937), Pérou (1979), Grande-Bretagne (1965), Seychelles.

***Enfin, l'Onu répertoriait en 1998 26 pays considérés comme abolitionnistes* de facto :**
Albanie, Bermudes (1977), Bhoutan (1964), Brunéi (1957), Chili (1985), Congo (1982), Côte-d'Ivoire, Djibouti, Gambie, Grenade (1978), Guinée (1983), Madagascar (1958), Maldives (1952), Mali (1980), Nauru, Niger (1976), Papouasie-Nouvelle-Guinée (1950), Philippines (1976), République centrafricaine (1981), Samoa, Sénégal (1967), Sri Lanka (1976), Suriname (1984), Togo, Tonga (1982), Turquie (1984).

notes

1• C'est là un extraordinaire paradoxe. Le 8 mai 2000, un rapport préliminaire du FBI (réalisé à partir des données fournies par 17000 villes, comtés, Etats) indiquait que la baisse de la criminalité a été constante aux États-Unis ces 8 dernières années. Les crimes de sang, meurtres et vols qualifiés ont baissé de 8 % en 1999, alors que les viols et attaques physiques ont baissé de 7 % la même année. Pourtant, la société américaine renvoie encore et toujours l'image d'une société à la fois minée et fondée sur l'ultra-violence. Des drames sanglants, comme celui de Littletown, indiquent qu'en dépit des statistiques, discutables et manipulables, les États-Unis sont véritablement gangrainés par la violence. La baisse chiffrée de la violence s'accomode mal de la réalité.

2• Voir entre autres *Capital Punishment and Deterrence: Examining the Effect of Executions on Murder in Texas*, Crime and Delinquency, n. 45, 1999 ; *The Geography of Execution: The Capital Punishment Quagmire in America*, Keith Harries & Derral Cheatwood, Rowman & Littlefield Publishers, Lanham, 1997 ; *Effects of an Execution on Homicides in California*, Homicides Studies, n. 3, 1999 ; *Detterence, Brutalization, & the Death Penalty: Another Examination of Oklahoma's Return to Capital Punishment*, (Criminology, n. 36, 1999). Ces études indiquent toutes que le nombre de meurtres augmente après des exécutions et qu'en général, les taux d'homicide n'est pas relié au fait que la législation autorise ou non la peine de mort.

3• Cette loi de la violence et de la vengeance sociale, on la retrouve dans les dégâts occasionnés par la prolifération du port d'armes aux États-Unis. On pourrait souhaiter pour l'abolition de la peine de mort la même mobilisation, des mères américaines notamment, que celle suscitée par le fameux IIe Amendement à la Constitution américaine qui stipule, rappelons-le : « Une milice bien ordonnée étant nécessaire à la sécurité d'un État libre, le droit qu'a le peuple de détenir et de porter des armes ne sera pas enfreint. »

4• Corrélativement à l'inviolabilité du corps, nous pensons qu'au niveau de cette autre dimension de l'individu qu'est l'esprit, la liberté d'expression ne saurait tolérer d'exception. Un « corps intouchable » et la liberté d'expression sont les deux piliers d'une société démocratique et libérale.

5• *Houston Chronicle*, 1er février 1998, cité par Amnesty International, *La peine capitale au Texas*, 1998.

6• Du point de vue des concepts juridiques, nous trouvons ici l'origine de la notion de « présomption d'innocence ».

7• Jean-Jacques Rousseau, *Du Contrat Social*, L. II, ch. V.

8• Au XIXe siècle : Venezuela, Saint-Marin, Costa-Rica. Au début du XXe siècle : Équateur, Colombie, Uruguay.

9• Eric Schlosser, *The Prison Industrial Complex*, Atlantic Monthly, décembre 1998.

10• Amnesty International, *États-Unis, des préjugés qui tuent : la question raciale et la peine de mort*, mai 1999.

11• Cf. Amnesty International : op. cit.

12• Cf. *En direct du couloir de la mort*, La Découverte, 1999.

13• Cf. *Chicago Tribune*, 13 janvier 1999.

14• Cf. Amnesty International : *États-Unis : les enfants face au système judiciaire*, novembre 1998

15• Cf. Amnesty International : op. cit.

16• Pacte international relatif aux droits civils et politiques.

17• En 1969, les États-Unis ont ratifié la Convention de Vienne, traité multilatéral régissant les relations consulaires de 144 pays.

18• Texas (24), Californie (23), Arizona (6), Floride (8), Ohio (4), Oklahoma (3), Nevada (2), Illinois (3), Washington (2), Arkansas (1), Montana (1), Louisiane (1), Pennsylvanie (1), Virginie (1), Oregon (1), État fédéral (1).

19• Amnesty International, *La Condamnation à mort d'innocents*, novembre 1998.

20• Cest nous qui soulignons.

21• Résolution 39/118 de l'Assemblée générale des Nations Unies, 14 décembre 1984.

22• *Chicago Tribune*, 14 novembre 1999.

23• Amnesty International, *La Peine capitale au Texas*, mars 1998.

pour en savoir plus

De grandes organisations internationales et américaines de défense des droits de l'homme et des libertés individuelles militent pour l'abolition de la peine de mort aux États-Unis. Que ce soit pour trouver des informations auprès d'elles, ou pour rejoindre des groupes de militants, citons :

Human Rights Watch
Amnesty International
The Death Penalty Information Center

Ces organisations publient régulièrement des rapports détaillés sur l'application de la peine de mort aux États-Unis et, plus généralement, sur les conditions de détention des détenus dans les prisons américaines. Citons entre autres :

Amnesty International,
États-Unis : race, droits et brutalité policière, septembre 1999 ;
États-Unis : brutalités policières en Californie, septembre 1999 ;
États-Unis : des préjugés qui tuent : la question raciale et la peine de mort, mai 1999 ;
États-Unis : la condamnation à mort d'innocents, novembre 1998 ;
États-Unis : les enfants face au système judiciaire, novembre 1998 ;
États-Unis : la peine capitale au Texas : un appareil judiciaire transformé en machine à tuer, mars 1998.

Human Rights Watch,
Children in the Custody of the US Immigration and Naturalization Services, décembre 1998 ;
World Report 1999, United States, décembre 1998.

Des sites internet permettent de se tenir au courant des évolutions dans l'exécution des condamnés à mort :

www.amnesty.org

www.amnesty.asso.fr
est le site d'Amnesty International, section France.

www.essential.org/dpic/dpic.html
est le site du Death Penalty Information Center.

www.hrw.org
est le site de l'organisation Human Rights Watch.

www.aclu.org/issues/death/hmdp.html
est le site de l'American Civil Liberties Union.

www.abanet.org
est le site de l'American Bar Association

home.worldnet.fr/-gbforhan/debut.html
est le site du groupement Acat-France.

http://perso.wanadoo.fr/ai288/pdm
est un site personnel sur la peine de mort dans le monde.

De nombreux ouvrages traitent de la peine de mort. Nous suggérons ici les plus synthétiques :

Mumia Abu-Jamal, *En direct du couloir de la mort*, La Découverte, Paris, 1999.

Amnesty International (Éditions francophones), *États-Unis, le paradoxe américain*, 1998.

Robert Badinter, *L'Exécution*, Fayard, Paris, 1998.

Conseil de l'Europe, The Death Penalty : Abolition in Europe, Conseil de l'Europe, Strasbourg, 1999.

Colloque sur la peine de mort dans la pensée philosophique et littéraire, **Association des amis d'Ivan Tourgueniev**, Paris, 1979.

Michel FOUCAULT, *Surveiller et Punir*, Gallimard, Paris, 1975.

Victor HUGO, *Le Dernier Jour d'un condamné*, Le Livre de poche, Paris.

Jean IMBERT, *La Peine de mort*, collection Que Sais-Je ?, PUF, Paris, 1998.

The Death Penalty in America : current controversies, ed. by Hugo Adam Bedau, Oxford University Press, New York, 1998.

Citons enfin les travaux du *Centre international de criminologie comparée de l'Université de Montréal* qui a réuni des travaux comparatifs très intéressants entre le Canada, les États-Unis et l'Europe.

Appel à signature

À ce jour, plus de 3 500 condamnés, des hommes, des femmes, mais aussi des mineurs, des malades mentaux, et parmi eux des innocents, attendent l'exécution de leur peine sans retour dans les geôles américaines. Le rythme des exécutions ne cesse d'y croître depuis 1999 : bientôt, plusieurs centaines de sentences par an seront perpétrées. Comble de l'injustice, la mort y attend uniquement des personnes d'origine modeste, et principalement des ressortissants de couleur.
Nous aussi, Français, avons vécu avec la peine de mort. Mais nous avons su l'abolir en 1981 et toute l'Europe démocratique s'en est débarrassée.
Or les États-Unis éliront en novembre prochain leur nouveau Président. L'abolition de la peine de mort doit devenir un enjeu majeur de leur campagne. Nous nous adressons donc au peuple américain.

Signez le texte ci-dessous :

Chers Américains,
Première puissance mondiale qui prétend souvent au rang de modèle pour l'humanité, vous vous devez d'entendre la supplique d'un peuple ami, à la fois proche et critique comme le sait être tout ami sincère.
Avec la peine de mort abolie, vous n'entamerez nullement la sévérité de votre système judiciaire ; vous vous garderez d'erreurs judiciaires irréparables, vous rejoindrez la majorité des peuples démocratiques et libéraux qui ont réalisé ce progrès capital pour les libertés et la justice.

« Américains, faites comme les Européens : abolissez la peine de mort! »

Envoyez les pétitions à :

l'écart – 5, rue primatice 75013 Paris
Tél. : 01 55 43 88 83 – Fax : 01 55 43 89 33
http://www.ecart-type.com

Vous avez aimé nos publications ?
Faites-nous connaître
auprès de vos libraires et bibliothécaires préférés.
Vous pouvez également nous envoyer vos coordonnées,
ainsi que celles d'amis,
à qui nous adresserons volontiers notre catalogue.
Merci pour votre contribution.

Achevé d'imprimer
sur les presses de Trèfle à Paris
Juin 2000